ADMINISTRAÇÃO PROFISSIONAL

Principais práticas, conceitos, desafios e tendências da administração contemporânea no contexto brasileiro

Edição comemorativa dos 60 anos da regulamentação da profissão

ADMINISTRAÇÃO PROFISSIONAL

Principais práticas, conceitos, desafios e tendências da administração contemporânea no contexto brasileiro

Edição comemorativa dos 60 anos da regulamentação da profissão

Organizadores
Cleber Suckow Nogueira
Teresinha Covas Lisboa

Sarvier, 1ª edição, 2025

Impressão e Acabamento
Digitop Gráfica Editora

sarvier

Sarvier Editora de Livros Médicos Ltda.
Rua Rita Joana de Sousa, nº 138 – Campo Belo
CEP 04601-060 – São Paulo – Brasil
Telefone (11) 5093-6966
sarvier@sarvier.com.br
www.sarvier.com.br

Dados Internacionais de Catalogação na Publicação (CIP)
(Câmara Brasileira do Livro, SP, Brasil)

Administração profissional : principais práticas, conceitos, desafios e tendências da administração contemporânea no contexto brasileiro / organizadores Cleber Suckow Nogueira,
Teresinha Covas Lisboa. -- 1. ed. -- São Paulo : Sarvier Editora, 2025.

Vários autores.
Edição comemorativa dos 60 anos da regulamentação da profissão
ISBN 978-65-5686-057-2

1. Administração 2. Administração – Brasil 3. Administradores – Formação profissional 4. Carreira profissional – Administração 5. Conceitos 6. Tendências – Análise I. Nogueira, Cleber Suckow. II. Lisboa, Teresinha Covas.

25-302660.0 CDD-650.14

Índices para catálogo sistemático:

1. Carreira profissional : Administração 650.14

Maria Alice Ferreira – Bibliotecária – CRB-8/7964

ADMINISTRAÇÃO PROFISSIONAL

Principais práticas, conceitos, desafios e tendências da administração contemporânea no contexto brasileiro

Edição comemorativa dos 60 anos da regulamentação da profissão

ORGANIZADORES

Cleber Suckow Nogueira
Teresinha Covas Lisboa

AUTORES

Antonio Vico Mañas
Douglas De Matteu
Edmir Kuazaqui
Jayr Figueiredo Oliveira
João Luiz de Souza Lima
João Pinheiro de Barros Neto
Robson Paz Vieira
Walter Shuiti Kussano

sarvier

AGRADECIMENTOS DOS ORGANIZADORES

A Deus, pela força, inspiração e sabedoria que nos conduziram ao longo desta jornada.

Às nossas famílias, pelo incentivo, compreensão e apoio incondicional, fundamentais para que este trabalho se tornasse realidade.

Aos colegas e amigos do Grupo de Excelência de Pesquisas Aplicadas em Administração (GEPAD), pelo constante estímulo à pesquisa, à reflexão crítica e à construção coletiva de conhecimento.

Ao Conselho Regional de Administração do Estado de São Paulo (CRA-SP), ao Conselho Regional de Administração do Estado de Goiás (CRA-GO) e ao Conselho Federal de Administração (CFA), pelo compromisso permanente com o fortalecimento da profissão e pelo apoio institucional a esta iniciativa.

À Editora Sarvier, pela parceria editorial e pela dedicação em transformar este projeto em uma obra de referência para estudantes, profissionais e pesquisadores da Administração.

Aos nossos alunos, que diariamente nos motivam a ensinar e aprender, e aos profissionais que trabalham conosco, cuja prática e dedicação nos inspiram a cada dia a valorizar ainda mais a Administração como ciência e profissão.

A todos que, de alguma forma, contribuíram para a realização deste livro, nosso sincero reconhecimento e gratidão.

ORGANIZADORES

Cleber Suckow Nogueira

Bacharel e Mestre em Administração pela Universidade Católica de Santos (UNISANTOS), pós-graduado MBA em Gestão Empresarial pela Fundação Getúlio Vargas (FGV). Especialista em Saúde Pública pela Faculdade de Saúde Pública da Universidade de São Paulo (FSP/USP). Especialista em Micropolítica da Gestão e Trabalho em Saúde pela Universidade Federal Fluminense (UFF). Experiência de mais de 25 anos na gestão em saúde, com atuação nas áreas de planejamento estratégico; gestão em saúde pública; regulação e auditoria de Serviços de Saúde e liderança na atuação com equipes multiprofissionais. Membro do Grupo de Excelência de Pesquisa Aplicada em Administração (GEPAD) do Conselho Regional de Administração de São Paulo (CRA-SP). Pesquisador, consultor e palestrante de temas inerentes a liderança, gestão estratégica, administração pública e comportamento organizacional. Organizador e autor de livros e artigos sobre Administração. Membro da Federação Brasileira de Administradores Hospitalares (FBAH).

Teresinha Covas Lisboa

Pós-Doutorado em Administração pela Florida Christian University. Doutorado em Administração (Universidade Mackenzie), Mestrado em Administração dos Serviços de Saúde, Especialização em Administração Hospitalar, Especialização em Didática do Ensino Superior. Conselheira do Conselho Federal de Administração jurisdição São Paulo/Brasil, Sócia-Diretora da TCL Consultoria e Assessoria S/C Ltda., Docente Titular da Universidade Paulista-UNIP, Consultora na área de Gestão em Saúde, Diretora do SINDAESP-Sindicato das Empresas de Administração do Estado de São Paulo. Diretora da ADM-Associação Brasileira de Administração, Coordenadora do Grupo de Excelência de Pesquisa Aplicada em Administração--CRASP, Diretora de Pós-Graduação da Faculdade FACEAT.

AUTORES

Antonio Vico Mañas

Pós-Doutorado em Administração pela FEAUSP (2004), Doutor em Ciências Sociais pela PUC-SP (1999), Mestre em Administração pela PUC-SP (1991), Administrador de Empresas desde 1973. Professor Titular da Pontifícia Universidade Católica de São Paulo (PUC-SP). É pesquisador e atua principalmente nos seguintes temas: Administração, tecnologia, estratégia, sistemas, informação, conhecimento, inovação, Negócios e Relações Internacionais, sustentabilidade, comportamento humano e das organizações. Líder do Núcleo de Pesquisa em Administração e Gestão Estratégica e Inovação – NAGIN. Vice-Reitor da PUC-SP até 2012. Laureado com o título de Administrador Destaque pelo Conselho Regional de Administração de São Paulo e com o Arco da Paz como professor pela Câmara Municipal de São Paulo. Membro do Conselho do FORGES.

Douglas De Matteu

Doutor em Business Administration PhD Florida Christian University/EUA (VALIDADO NO BRASIL). Mestre em Semiótica, Tecnologias da Informação e Educação pela UBC. Mestre na "Arte do Coaching" pela FCU/EUA. Especialista em Marketing – UCM, especialista em Educação a Distância pela FIJ e especialista em Gestão de Pessoas com Coaching. Bacharel em Administração de Empresas, Formado em Marketing e Promoção de Vendas, Tripla certificação em MASTER COACH com reconhecimento internacional pelo Metaforum, ICI, ECA e GCC. Docente na Fatec de Mogi das Cruzes. Diretor-Presidente do Instituto de Alta Performance Humana – IAPerforma. Pesquisador na área Marketing, Desenvolvimento humano e Coaching. Escritor, participou em mais de trinta livros.

Edmir Kuazaqui

Doutor e Mestre em Administração, Pós-graduado em Marketing e graduado em Administração. Coordenador e professor de MBA em Administração Geral e MBA em Compras da Universidade Paulista (UNIP). Coordenador do Grupo de Excelência em Relações Internacionais e Comércio Exterior (GERICE) do Conselho Regional de Administração de São Paulo (CRA/SP). Consultor-Presidente da Academia de Talentos. Autor de livros.

Jayr Figueiredo Oliveira

Pós-Doutor em Administração (EAESP-FGV) e em Ciências Sociais Aplicadas (UQAM), Doutor em Educação (PUC-SP) e Mestre em Administração (PUC-SP). Pós-graduado em Administração (FECAP), Análise de Sistemas (FECAP), Ciência da Computação (UPM), Didática do Ensino Superior (UPM), Bacharel em Administração de Empresas. Atuou como profissional em Tecnologias da Informação por mais de 38 anos em empresas nacionais e internacionais, bem como por inúmeras universidades do Estado de São Paulo. Atualmente é Docente da Faculdade de Tecnologia de São Paulo - Centro Paula Souza. Autor de mais de 26 livros e mais de 30 artigos internacionais.

João Luiz de Souza Lima

Graduado em Administração, Ciências Contábeis, Ciências Econômicas e História. Especializado em Administração (Sistemas, Organização, Métodos), Análise de Sistemas, Ciências Econômicas (Mercado de Capitais) e Educação (Educação a Distância - EaD). Mestrado em Administração (Planejamento) pela Pontifícia Universidade Católica de São Paulo (PUC-SP). Doutorado em Ciências Sociais (Sociologia) pela PUC-SP. Professor do Instituto Nacional de Estudos e Pesquisas Educacionais Anísio Teixeira (INEP) do Ministério da Educação (MEC); Professor do Claretiano Centro Universitário; Professor da Faculdade da Associação Médica Paulista (APM); Professor do Grupo IBMEC Educacional de Campinas/SP; Diretor de Negócios Sênior da JLSLIMA Consulting. Executivo das seguintes empresas: SCANIA do Brasil, SKF do Brasil, COPLATEX do Brasil, Grupo GERDAU (Divisão Siderúrgica), Grupo ULTRA (Divisão Química e Petroquímica) e

POLITEC do Brasil. Experiência Profissional nas seguintes áreas: Comércio Internacional, Controladoria, Economia Empresarial, Gestão da Produção e Operações, Gestão da Qualidade, Gestão da Segurança, Gestão de Projetos, Gestão de Agronegócios, Gestão e Análise de Custos, Gestão Estratégica, Gestão Financeira, Gestão Hospitalar e da Saúde, Gestão Socioambiental, Logística Empresarial e Tecnologia da Informação (TI).

João Pinheiro de Barros Neto

Possui graduação em Administração com Habilitação em Comércio Exterior pela Faculdade Associada de São Paulo (1991), especialização em Administração da Produção e Operações Industriais pela Fundação Getúlio Vargas - FGV-SP (1993), Mestrado em Administração pela Pontifícia Universidade Católica de São Paulo (1998), Doutorado em Ciências Sociais pela Pontifícia Universidade Católica de São Paulo (2002) e Pós-Doutorado pela Pontifícia Universidade Católica de São Paulo (2017). Atualmente é membro do Grupo de Excelência em Instituições de Ensino Superior - GEGIES e do Grupo de Excelência de Pesquisa Aplicada em Administração - GEPAD do Conselho Regional de Administração de São Paulo - CRA-SP e Professor Assistente Doutor da Pontifícia Universidade Católica de São Paulo - PUC-SP na Faculdade de Economia, Administração, Contabilidade e Atuária - Departamento de Administração, Área Epistemológica de Gestão de Pessoas.

Robson Paz Vieira

Graduado em Ciências da Computação pela Universidade Santa Cecília - UNISANTA (1995), Pós-Graduado em Análises de Sistemas pela FECAP/IPEP (1998), MBA em Gestão Empresarial pela Fundação Getúlio Vargas - FGV (2005), Docência para o Ensino Superior pela Fundação Getúlio Vargas - FGV (2006), Mestre em Ciência e Tecnologia em Saúde na Universidade Mogi da Cruzes - UMC (2017), Mestre em Liderança pela Universidade de Santo Amaro - UNISA (2007). Tem experiência nas áreas de Tecnologia, Gestão, Desenvolvimento e Implantação de Sistemas Computacionais, Telecomunicações e Gestão da Qualidade com cargos de Gerência e Coordenação.

Walter Shuiti Kussano

Profissional com ampla experiência em Recursos Humanos e Educação, com mais de 30 anos de atuação em RH e 25 anos dedicados ao ensino técnico e profissionalizante no Centro Paula Souza, onde desempenhou funções de docência e coordenação de cursos técnicos, com forte foco no desenvolvimento de competências técnicas e comportamentais. Possui experiência consolidada nos principais subsistemas de RH, incluindo Cargos, Remuneração e Carreira e Desenvolvimento Humano e Organizacional. Atualmente, cursa doutorado em Administração de Empresas pela Universidade Presbiteriana Mackenzie, na linha de pesquisa em Gestão Humana e Social, com foco na aprendizagem supersticiosa. No mestrado, também pela Mackenzie, realizou pesquisa sobre o impacto da gestão de falhas na satisfação, engajamento e aprendizado dos trabalhadores.

PREFÁCIO

Adm. Leonardo Macedo
Presidente do Conselho Federal de Administração (CFA)

Em 2025, o País celebra os 60 anos da regulamentação da profissão de Administrador no Brasil – uma data que não apenas rememora a criação de uma das profissões mais estratégicas para o desenvolvimento do País, mas também nos convida à reflexão sobre o presente e o futuro da Administração como ciência, prática e instrumento de transformação social.

É com esse espírito que nasce a edição comemorativa do livro **"ADMINISTRAÇÃO PROFISSIONAL - Principais práticas, conceitos, desafios e tendências da administração contemporânea no contexto brasileiro"**.

Trata-se de uma obra coletiva, construída a muitas mãos, com a contribuição de renomados administradores, estudiosos e protagonistas que atuam nos mais diversos segmentos da Administração. Muitos deles, inclusive, são figuras reconhecidas e atuantes no Sistema Conselhos Federal e Regionais de Administração (CFA/CRAs), o que confere à obra ainda mais legitimidade e aderência à realidade prática da profissão.

Mas, antes de entrar nos detalhes da obra, é preciso lembrar que, atualmente, de acordo com o último Censo da Educação Superior – levantamento realizado anualmente pelo Instituto Nacional de Estudos e Pesquisas Educacionais Anísio Teixeira (Inep) do Ministério da Educação (MEC) -, o Brasil tem mais de 2 milhões de alunos matriculados em cursos de graduação na área da Administração, seja no curso de bacharelado em Administração ou nos cursos de tecnologia em determinada área da Administração.

Precisamos ressaltar, ainda, que milhares de jovens estão matriculados no curso técnico em administração, seja na modalidade "curso técnico integrado" ou "curso de educação profissional técnico", formações voltadas para quem está cursando o ensino médio e/ou já terminou esta etapa da educação básica, transformando-se em um profissional com formação profissional de nível técnico.

Além disso, o Brasil tem, ainda, muitos alunos de pós-graduação *lato sensu* ou *stricto sensu* na área da Administração. E por qual razão trago essas informações? A resposta é simples: estamos no ano do Jubileu de Diamante da Administração.

Estamos celebrando uma data histórica para a nossa profissão. E, mais do que celebrar, os 60 anos nos convida a uma reflexão: o passado da Administração é marcado por conquistas que lançaram as bases para os avanços que vivemos hoje.

O presente da nossa profissão reflete o compromisso com a ética, a inovação e a eficiência na gestão dos desafios contemporâneos. E qual é o futuro da Administração? O futuro são esses mais de 2 milhões de estudantes. São eles que vão construir as próximas seis décadas dessa profissão tão importante para o desenvolvimento estratégico do Brasil.

Pensando em um futuro com muito mais inovação e excelência, o Sistema CFA/CRAs tem atuado fortemente para garantir que esses futuros profissionais de Administração recebam uma formação de qualidade, estejam atentos aos desafios contemporâneos e sejam agentes ativos do desenvolvimento sustentável.

Como presidente do Conselho Federal de Administração (CFA), é uma honra representar o Sistema CFA/CRA nesta obra que, sem dúvida, nasce com essa missão de contribuir com a formação dos futuros profissionais de Administração do nosso País.

Dividido em sete capítulos, este livro oferece ao leitor um mergulho aprofundado nas principais áreas e debates da Administração atual. Começamos com uma sólida reflexão sobre o conceito de **administração profissional**, essencial para compreender os fundamentos que sustentam a atuação ética, técnica e responsável dos administradores no Brasil.

Na sequência, são explorados temas de vital importância, como a **gestão da saúde**, campo em constante transformação e altamente impactado por políticas públicas, inovação e demandas sociais cada vez mais complexas. Seguimos com a **gestão de pessoas**, área que se reinventa diante das novas configurações do trabalho, do avanço da inteligência artificial e da valorização do capital humano como diferencial competitivo.

O capítulo sobre **as perspectivas contemporâneas da Administração** amplia o olhar para as mudanças macroambientais, apontando tendências que já redesenham o perfil dos profissionais e das organizações. A seguir, a **gestão de marketing criativo** apresenta abordagens inovadoras sobre como construir valor, reputação e engajamento em um cenário onde o consumidor é, ao mesmo tempo, alvo e agente da comunicação.

Por fim, encerramos com dois temas mais urgentes e impactantes do nosso tempo: **os avanços e as inovações tecnológicas e Gestão Pública**. Aqui, os autores nos conduzem a uma reflexão sobre como a tecnologia vem remodelando os negócios, as relações organizacionais e, sobretudo, os próprios paradigmas da Administração e uma área que está sendo profissionalizada e mais bem qualificada a cada dia.

Este livro é, portanto, mais que uma homenagem. É um marco e um convite à atualização, ao pensamento crítico e ao compromisso com uma Administração cada vez mais profissional, inovadora e voltada ao bem comum.

Passado, presente e futuro se conectam na trajetória da Administração, que há 60 anos transforma desafios em oportunidades e constrói um caminho de evolução contínua. Que esta leitura inspire gestores, estudantes, professores e todos os que acreditam na força transformadora da nossa profissão.

Boa leitura!

APRESENTAÇÃO 1

60 Anos Ampliando Conhecimento Valioso

Adm. Silvio Pires de Paula

Conselheiro do CFA.
Administrador e Pós-graduado em Administração pela EAESP-FGV.
Embaixador da Alumni-FGV e Presidente da Demanda Pesquisa e Desenvolvimento de Marketing

Este livro, escrito com todo amor por ilustres professores que participam ativamente dos grupos de excelência do CRA-SP, é mais um presente aos profissionais de administração do Brasil, quando estamos celebrando o 60º aniversário de regulamentação legal de nossa profissão. Tenho certeza de que profissionais e estudantes vão apreciar seu conteúdo e ampliar o conhecimento sobre importantes áreas do vasto mundo da Administração. Este é mais um serviço, um esforço, uma contribuição que o CRA proporciona à sociedade brasileira. Embora criado há 60 anos com o propósito de fiscalizar o exercício da profissão defendendo a sociedade dos impostores e malfeitores, a orientação dos dirigentes dessa entidade, ao longo dessas décadas, *tem sido o de prestar serviços à sociedade brasileira servindo de ponte entre a academia e comunidade de empresas.* Nós contribuímos para o aperfeiçoamento de profissionais por meio de nossos seminários gratuitos, nossos eventos sobre temas atuais, as entrevistas com excelentes administradores que divulgamos e nossas publicações como este livro e dezenas de outros publicados com nosso apoio. O CRA facilita a integração entre profissionais, a troca de experiências, os contatos que facilitam indicações para posições profissionais. Por meio de convênios com redes de farmácias conseguimos reduzir o custo de medicamentos, do mesmo modo que temos abatimento nas taxas de inscrição de centenas de cursos de especialização profissional em renomadas instituições de ensino. A premiação e reconhecimento ao mérito de líderes de nossa atividade certamente inspiram outros profissionais. Nesses 60 anos, a nossa atividade profissional evoluiu enormemente acompanhando o desenvolvimento de métodos, tecnologias, processos, objetivos e evolução dos mercados no mundo todo. Nós administradores acompanhamos e orientamos decisões que afetam todos os setores da sociedade. Nossa formação genérica, que obtém conteúdo de quase todas as áreas de trabalho de uma empresa, facilita a empregabilidade. Cursos de especialização posteriores e o próprio ambiente de trabalho vão reforçar nosso conhecimento. Fomos treinados a trabalhar na direção das organizações, mas também na operação, ora como consultores, ora como técnicos, invariavelmente assumindo a presidência e os conselhos. Trabalhamos em organizações sociais e somos muito bons na direção de prefeituras, governos e em empresas públicas. Somos dirigentes de sindicatos e associações profissionais. Somos ótimos professores, como os autores deste livro.

Vale a pena recordar que inicialmente, quando a Lei nº 4.769 foi promulgada em 1965, éramos chamados de técnicos de administração. Só em 1985 o CRTA – Conselho Regional de Técnicos de Administração mudou para CRA – Conselho Regional de Administração.

Fui consultar a data de meu registro no CRTA-SP, 9 de abril de 1974, portanto estou ligado ao sistema há 51 anos, dos 60 anos de sua criação legal. Quando ingressei como estudante de administração de empresas na EAESP-FGV em 1964 ainda não havia profissão regulamentada de Administrador. Comecei a minha empresa de pesquisas em 1967 ainda estudante. As aulas de grandes mestres foram importantes para que eu exercesse meu trabalho de pesquisas atendendo a grandes empresas. Na época, como vice-presidente da Associação de ex-alunos da FGV, fui convidado e concorri como suplente ao conselho CRTA-SP em 1978. Ingressei em um grupo virtuoso com profissionais de altíssimo nível, escolhidos já entre líderes de associações e sindicatos profissionais. Convivi com líderes do setor como Roberto Cardoso, Guilherme Quintanilha, Fausto Haroldo Ribeiro, Paulo Sampaio, Carlos Uchôa Fagundes, Idalberto Chiavenato e tantos outros bastante ativos ainda hoje com quem aprendi muito. Fui eleito sucessivamente para o CFA e CRA-SP onde exerci vários cargos, sempre em consonância de trabalho com meus pares. Tenho orgulho de ter dedicado alguns dos melhores anos de minha vida a essa causa,

Cumprimento mais uma vez os autores dessa magnífica obra que aumenta o prestígio do nosso Conselho.

APRESENTAÇÃO 2

Adm. Samuel Albernaz

Presidente do CRA-GO, da Associação Goiana de Administração (AGAD) e do 30º Congresso Nacional de Administração (CONAD)

Escrever estas palavras que introduzem a obra "**Administração Profissional: principais conceitos, práticas, desafios e tendências da Administração**" é, antes de tudo, um ato de celebração e reconhecimento. Celebração pela trajetória de seis décadas da Profissão do Administrador no Brasil, marcada por inúmeros avanços, contribuições e transformações; reconhecimento pela dedicação de tantos profissionais que, com ética, competência e espírito inovador consolidaram a Administração como uma das mais importantes e indispensáveis profissões de nosso tempo.

Esta obra, fruto do empenho coletivo dos membros do **Grupo de Excelência de Pesquisa Aplicada em Administração (GEPAD)** do **Conselho Regional de Administração do Estado de São Paulo (CRASP)**, materializa a convergência de saberes, práticas e reflexões que representam o que há de mais relevante no pensamento administrativo contemporâneo. Ao reunir conceitos fundamentais, práticas exitosas, desafios emergentes e tendências que moldarão o futuro, o livro se apresenta como uma bússola para todos aqueles que se dedicam ao estudo e ao exercício da Administração.

Cada capítulo aqui apresentado reflete a pluralidade e a riqueza das experiências dos autores, todos profissionais comprometidos com a excelência, a inovação e a evolução constante da área. Ao mesmo tempo, evidencia a capacidade de reunir talentos, promover o debate qualificado e impulsionar a produção de conhecimento aplicado, fortalecendo ainda mais o papel social e estratégico da Administração.

Em um mundo cada vez mais dinâmico, interconectado e desafiador, esta obra cumpre o importante papel de iluminar caminhos, provocar reflexões e inspirar ações transformadoras. São páginas que, mais do que informar, convidam o leitor a pensar criticamente, a reinterpretar práticas tradicionais e a buscar soluções criativas e sustentáveis para os desafios complexos que marcam as organizações e a sociedade contemporânea.

Ao longo destas seis décadas, a profissão do Administrador ampliou seu campo de atuação, ultrapassando os limites organizacionais e influenciando políticas públicas, estratégias de desenvolvimento e práticas de governança em todo o mundo. Este livro, portanto, não apenas homenageia essa trajetória, mas também projeta um olhar para o futuro, estimulando a formação de lideranças conscientes, inovadoras e comprometidas com a ética e a responsabilidade social.

Parabenizo, com entusiasmo e admiração, os organizadores **Cleber Suckow Nogueira** e **Teresinha Covas Lisboa**, pela competência, sensibilidade e dedicação na condução deste projeto, bem como todos os autores que, com generosidade, compartilharam seus conhecimentos, experiências e visões de futuro.

Que esta obra seja fonte de inspiração, referência de aprendizado, ferramenta de desenvolvimento e, sobretudo, um instrumento de transformação para todos que acreditam no poder da Administração como agente de progresso humano e organizacional.

Boa leitura, e que este legado se perpetue, inspirando gerações presentes e futuras de Administradores!

APRESENTAÇÃO 3

A Profissão do Administrador nos seus 60 Anos

Adm. Roberto Carvalho Cardoso
Presidente do Sindicato dos
Administradores do Estado de São Paulo
Ex-presidente do CFA e CRASP

A profissão de Administrador no Brasil completa 60 anos em 2025, marcando uma trajetória repleta de desafios, avanços e transformações profundas no papel do gestor dentro das organizações e da sociedade. Criada oficialmente com a **Lei nº 4.769 de 9 de setembro de 1965**, a profissão surgiu em um contexto de desenvolvimento econômico acelerado, industrialização e modernização do Estado brasileiro. Desde então, o papel do administrador evoluiu significativamente, tanto em complexidade quanto em relevância estratégica.

A criação dos **Conselhos Federal e Regionais de Administração (CFA/CRAs)** estruturou o exercício da profissão, disciplinando a formação e a atuação dos administradores e oferecendo respaldo institucional à classe.

Ao longo desses 60 anos, os administradores desempenharam papel fundamental na profissionalização da gestão pública e privada no Brasil, impactando diretamente:

- A governança corporativa e o fortalecimento das empresas familiares;
- A melhoria da eficácia nos serviços públicos, com administradores atuando em prefeituras, órgãos federais e estatais;
- O crescimento do empreendedorismo, com administradores liderando *startups* e empresas de base tecnológica;
- A formação de líderes empresariais e de instituições sociais com visão estratégica.

Apesar dos avanços, a profissão enfrenta desafios importantes:

- Excesso de cursos de Administração (mais de 2 mil em todo o País), muitas vezes com baixa qualidade, gerando saturação no mercado e profissionais despreparados;
- Desvalorização salarial em alguns setores, em contraste com a alta responsabilidade exigida;
- A necessidade urgente de requalificação profissional, com ênfase em competências digitais, ESG, gestão ágil, inovação e inteligência de dados;
- Maior engajamento com causas sociais, sustentabilidade e diversidade, indo além da lógica puramente financeira.

A profissão de Administração de Empresas no Brasil, ao completar 60 anos, se consolida como uma das mais importantes para o desenvolvimento organizacional e econômico do País. No entanto, seu futuro dependerá da capacidade dos administradores de se reinventarem constantemente, agregando valor às organizações e à sociedade com ética, inovação, visão crítica e responsabilidade social.

A comemoração dos 60 anos é, portanto, mais do que uma comemoração é uma oportunidade de reflexão profunda sobre o papel da Administração na construção de um Brasil mais justo, eficiente e sustentável.

INTRODUÇÃO

Em 9 de setembro de 1965, a Administração foi oficialmente regulamentada como profissão no Brasil. Desde então, são seis décadas de história que não apenas marcaram a consolidação de uma atividade essencial para o desenvolvimento do País, mas também revelaram a força transformadora da ciência da Administração na vida das organizações, das instituições públicas e privadas e, sobretudo, da sociedade.

A trajetória da Administração no Brasil é marcada por desafios, conquistas e inovações. Ao longo dos últimos 60 anos, a profissão evoluiu de um campo emergente, associado à necessidade de modernizar processos e estruturas organizacionais, para uma área estratégica, capaz de conduzir mudanças profundas em ambientes cada vez mais complexos, dinâmicos e interdependentes.

Celebrar essa história é, ao mesmo tempo, um convite à reflexão e um ato de reconhecimento. Reflexão sobre o caminho percorrido por administradores e administradoras que, em diferentes áreas de atuação, imprimiram sua marca na construção de organizações mais eficientes, éticas e sustentáveis. Reconhecimento pela contribuição da profissão na promoção do desenvolvimento econômico e social, na qualificação da gestão pública, no fortalecimento do setor produtivo e na valorização da cidadania.

Este livro nasce com o objetivo de resgatar essa trajetória, destacando práticas, conceitos, desafios e tendências que ajudaram a consolidar a Administração como profissão indispensável ao Brasil contemporâneo. Mais do que registrar o passado, busca também lançar luz sobre o presente e apontar perspectivas para o futuro, reafirmando a relevância do Administrador diante das novas demandas globais, tecnológicas e sociais.

Organizado por Cleber Suckow Nogueira e Teresinha Covas Lisboa, e com a colaboração de autores renomados que fazem parte do Grupo de Excelência de Pesquisa Aplicada em Administração, este livro representa não apenas um tributo aos 60 anos da regulamentação da Administração, mas também um instrumento de inspiração e atualização para profissionais, estudantes, pesquisadores e gestores que acreditam na força da boa gestão como motor de transformação.

SUMÁRIO

Capítulo I

HISTÓRIA DA ADMINISTRAÇÃO PROFISSIONAL NO BRASIL: 60 anos de história e a evolução da profissão

- Cleber Suckow Nogueira
- Teresinha Covas Lisboa

Nenhum vento sopra a favor de quem não sabe para onde vai. Administrar é traçar o rumo, ajustar as velas e conduzir o coletivo com responsabilidade.

Sêneca (adaptação)

Objetivos

- Resgatar a trajetória da regulamentação da profissão de administrador no Brasil, destacando os principais marcos legais e institucionais.
- Evidenciar a evolução da atuação profissional ao longo das últimas seis décadas, considerando os contextos econômico, político e social do País.
- Analisar o papel das entidades representativas (CFA, CRAs e associações acadêmicas) na consolidação e valorização da profissão.
- Identificar os desafios enfrentados pelos administradores em diferentes épocas e como a profissão respondeu às transformações do ambiente organizacional.
- Apontar tendências e perspectivas para o futuro da administração profissional no Brasil, conectando passado, presente e projeções de desenvolvimento.

Introdução

O ano de 2025 representa um marco histórico para os profissionais da Administração no Brasil. Comemora-se, neste ano, os 60 anos da promulgação da Lei nº 4.769, de 9 de setembro de 1965, que regulamentou oficialmente a profissão de administrador no País. Desde então, a profissão vem evoluindo e se adaptando às constantes transformações do mundo contemporâneo.

Mais do que um conjunto de técnicas gerenciais, a Administração profissional carrega consigo um compromisso ético e transformador. É uma atividade essencial ao funcionamento da sociedade moderna, pois organiza, planeja, lidera, coordena e controla recursos – sejam eles materiais, sejam humanos, financeiros ou tecnológicos – com vistas à geração de valor e de resultados.

Conforme Chiavenato (2003), "a Administração é uma das atividades mais importantes da vida moderna. Praticamente tudo que se faz requer alguma forma de Administração". Ao longo das décadas, a profissão consolidou-se como uma das mais requisitadas e amplamente ensinadas no Brasil, presente em empresas, instituições públicas, organizações do terceiro setor e movimentos sociais.

Este capítulo tem como objetivo contextualizar a trajetória da Administração como profissão regulamentada no Brasil, destacando seu marco legal, a evolução histórica, os impactos sociais e econômicos gerados, os principais nomes que ajudaram a construir essa história e os desafios e oportunidades que se apresentam para o futuro da profissão.

Marco da Regulamentação (Lei nº 4.769/65)

A regulamentação da profissão de administrador no Brasil, oficializada pela Lei nº 4.769, de 9 de setembro de 1965, representou um divisor de águas na história da gestão organizacional brasileira. Até então, a atividade administrativa era exercida por profissionais oriundos de outras áreas, como contabilidade, direito e engenharia, muitas vezes sem formação específica em Administração.

A nova legislação trouxe diretrizes claras para o exercício da profissão, delimitando atribuições e exigindo formação adequada. A partir dessa lei, foram criados os Conselhos Federal e Regionais de Administração (CFA e CRAs), que passaram a regulamentar, fiscalizar e promover o desenvolvimento da profissão em todo o território nacional.

O contexto histórico dos anos 1960 no Brasil era marcado pelo crescimento urbano-industrial e pela necessidade urgente de modernização dos processos de gestão, tanto nas empresas privadas quanto nas instituições públicas. A regulamentação da Administração surgiu como resposta a essa demanda, estabelecendo uma base institucional sólida para o desenvolvimento do ensino, da pesquisa e da prática profissional.

Com o passar dos anos, a regulamentação também viabilizou o fortalecimento das entidades de classe, o estímulo à produção científica, a defesa da ética profissional e o reconhecimento social do administrador como agente de transformação organizacional.

Os egressos dos cursos de educação profissional técnica de nível médio, registrado em CRA, a partir da data do registro, torna-se um Técnico em Administração legalmente habilitado para o desempenho de atividades de Administração, restritas à área que se formou, passando a portar a Carteira de Identidade Profissional de Técnico em Administração – COR VERDE – que também tem validade de Carteira de Identidade Civil em todo o território nacional, estando apto, portanto, para atuar no mercado de trabalho.

Os Mestres e Doutores em Administração registrados em CRA, a partir da data do registro, tornam-se legalmente habilitados para o desempenho de atividades de Administração. Eles receberão o título de Mestre em Administração ou Doutor em Administração, conforme o caso, e terão atuação profissional restrita à respectiva área de concentração do curso, passando a portar a Carteira de Identidade Profissional de Mestre e Doutor em Administração.

De acordo com a Resolução CNR/CES nº 05, de 14/10/2021, as Diretrizes Curriculares Nacionais do Curso de Graduação em Administração foram publicadas para que as faculdades e universidades públicas e privadas adaptem seus respectivos projetos pedagógicos às novas Diretrizes Curriculares Nacionais.

Com isso, o perfil do egresso, de acordo com o artigo 2º, deve expressar um conjunto coerente e integrado de conteúdos, competências, habilidades e atitudes. Com isso, o administrador terá condições de saber, saber fazer, saber fazer bem e querer fazer, apresentando um equilíbrio adequado de competências humanas, analíticas e quantitativas.

Evolução da Administração no Brasil

Décadas de 1960 a 1980: Institucionalização e Expansão

A regulamentação da profissão, em 1965, ocorreu em um contexto de transformações econômicas e sociais profundas. O Brasil vivia o "milagre econômico", com industrialização acelerada, crescimento urbano e expansão do setor público. A demanda por profissionais capazes de planejar, organizar, coordenar e controlar recursos nas organizações aumentou de forma significativa.

Nesse período, os primeiros cursos superiores de Administração foram criados com base na influência das *business schools* norte-americanas, mas adaptados à realidade brasileira. A formação enfatizava conteúdos como teoria geral da administração, contabilidade, finanças, produção, marketing e recursos humanos. O professor Idalberto Chiavenato teve papel central na difusão do conhecimento da área, com obras didáticas adotadas por inúmeras instituições de ensino.

A atuação dos Conselhos Federal e Regionais de Administração também começou a se consolidar, com ações de registro, fiscalização e promoção da ética profissional. A identidade do administrador começou a se formar, embora ainda houvesse certa sobreposição com outras profissões, como economia e contabilidade.

Segundo Motta (2011), nesse período a Administração no Brasil buscava firmar sua identidade, consolidar sua formação acadêmica e demonstrar sua relevância para o desenvolvimento do País, em meio a uma sociedade em rápida transformação.

Décadas de 1990 e 2000: Profissionalização, Tecnologia e Qualidade

Com a abertura econômica e a globalização, o mercado brasileiro passou por profundas transformações. A competitividade internacional impôs às empresas a adoção de novas práticas de gestão, baseadas em qualidade total, reengenharia, *downsizing*, terceirização e inovação tecnológica. O administrador foi chamado a se reinventar.

Nessa fase, os cursos de Administração se diversificaram. Surgiram os MBAs, os cursos de especialização em áreas como logística, finanças, marketing, recursos humanos, empreendedorismo e gestão estratégica. As universidades passaram a incorporar disciplinas ligadas à tecnologia da informação, sustentabilidade e planejamento estratégico.

Além da formação em bacharelado, os cursos superiores de tecnologia desempenham um papel estratégico na profissionalização da gestão pública e privada no Brasil. Reconhecidos pelo MEC e regulamentados pelo CFA e pelos CRAs, esses cursos oferecem uma formação prática e focada, capacitando profissionais para atuarem em áreas específicas da Administração, como Logística, Gestão Pública, Recursos Humanos, Marketing, Processos Gerenciais, entre outras. Os tecnólogos registrados nos CRAs estão legalmente habilitados a exercer atividades relacionadas à sua área de formação, contribuindo significativamente para a eficiência e inovação nas organizações. Essa modalidade de ensino superior tem ampliado o acesso à educação de qualidade e fortalecido a presença da Administração em diversos setores da sociedade.

O setor público também passou por mudanças, com a Reforma do Estado liderada por Bresser-Pereira (1996), que trouxe conceitos como eficiência, controle de resultados e *accountability*. A administração pública passou a demandar gestores mais técnicos, com formação em Administração.

Bresser-Pereira (1996) argumenta que a valorização das carreiras técnicas e a implementação de uma lógica baseada na gestão por resultados contribuíram para tornar o administrador público um agente mais estratégico, eficiente e comprometido com o desempenho organizacional.

2010 em diante: Inovação e Impacto Social

A última década consolidou a Administração como uma das profissões mais presentes no cotidiano das organizações e da sociedade. A transformação digital, a ascensão das *startups*, a cultura de dados, a sustentabilidade e a busca por soluções inovadoras remodelaram o papel do administrador.

Empresas passaram a valorizar competências comportamentais, liderança empática, gestão de equipes híbridas, domínio de tecnologias, pensamento crítico e responsabilidade socioambiental. O conceito de ESG (*Environmental, Social and Governance*) ganhou destaque, reforçando o papel do administrador como agente de mudança.

Conforme Serafim (2022), a Administração deve ser guiada por impacto social, e o administrador precisa estar preparado para gerar valor compartilhado, promovendo simultaneamente resultados econômicos e responsabilidade com a sociedade.

Ao mesmo tempo, surgiram metodologias ágeis, como o *design thinking*, o *lean startup* e a gestão por projetos, que colocaram a Administração em sintonia com novas formas de trabalho.

A formação também evoluiu: cursos híbridos, trilhas de aprendizagem personalizadas e ensino por competências se tornaram tendências. O número de cursos ofertados no Brasil ultrapassou 2.500, com presença em todas as regiões (Brasil, 2023).

Desafios Persistentes e Caminhos Futuros

Apesar dos avanços, a profissão de administrador ainda enfrenta desafios significativos: a banalização de cursos de baixa qualidade, a concorrência com outras formações, a desvalorização salarial em alguns segmentos e a necessidade de atualização constante.

A Administração brasileira precisa fortalecer seu campo de conhecimento, investir em pesquisa aplicada, valorizar a produção científica nacional e ampliar sua presença em políticas públicas.

Nogueira e Lisboa (2015) observaram que a Administração evolui ao integrar razão e sensibilidade, técnica e relações humanas, sempre buscando soluções que conectem organizações às demandas da sociedade.

Na Tabela I.1, será explorado o papel da Administração nos diversos setores da sociedade brasileira, com destaque para suas contribuições nos setores público e privado.

TABELA I.1 – Número estimado de profissionais registrados nos CRAs por década.

Década	Administradores Registrados (estimativa)
1970	20.000
1980	80.000
1990	160.000
2000	300.000
2010	500.000
2020	750.000+

Fonte: CFA (2024), adaptada.

Contribuições da Administração na Sociedade

No Setor Privado

O ambiente empresarial é, historicamente, o espaço mais tradicional de atuação do administrador. Desde as pequenas empresas até grandes corporações multinacionais, a presença do administrador tem sido fundamental para estruturar modelos de gestão baseados em planejamento, eficiência, inovação e geração de valor.

A Administração foi determinante para a consolidação do setor industrial brasileiro a partir da década de 1970, com a profissionalização da gestão nas áreas de produção, finanças e recursos humanos. Nas décadas seguintes, a competitividade global exigiu das empresas brasileiras maior agilidade, controle de processos, uso de tecnologias e foco no cliente. O administrador passou a atuar como agente de transformação, liderando mudanças organizacionais e culturais.

A partir dos anos 2000, com o avanço da economia digital, o papel do administrador ampliou-se para lidar com negócios baseados em plataformas, *e-commerce*, inteligência de dados, inteligência artificial e marketing digital. Surgiram novos perfis profissionais, como analista de dados, gestor de projetos ágeis, consultor de inovação e executivo de ESG – todos com base em fundamentos da Administração.

Além disso, a atuação empreendedora dos administradores contribuiu diretamente para a criação de empresas inovadoras e para o fortalecimento do ecossistema de *startups* no País. Segundo dados do SEBRAE (2023), mais de 30% dos novos negócios no Brasil são liderados por profissionais com formação em Administração ou áreas correlatas.

Outro campo de grande relevância é o mercado financeiro. A presença de administradores em cargos estratégicos em bancos, *fintechs*, corretoras e empresas de investimento cresceu exponencialmente nas últimas duas décadas, com destaque para a atuação em planejamento financeiro, análise de riscos, *compliance*, governança e relações com investidores.

Essas contribuições são reforçadas por *cases* de sucesso nacional, como Natura, Magazine Luiza, Embraer, XP Inc. e Totvs, que possuem administradores em cargos de liderança e reconhecem a importância da gestão estratégica para sua expansão e perenidade.

"O papel do administrador moderno ultrapassa a mera supervisão de processos. Ele deve ser capaz de integrar pessoas, alinhar recursos e antecipar mudanças, promovendo resultados sustentáveis em um ambiente competitivo" (Barros Neto, 2018).

No Setor Público

Embora historicamente associado à iniciativa privada, o campo da Administração no setor público tornou-se cada vez mais relevante nas últimas décadas. A presença de administradores em órgãos governamentais, autarquias, empresas estatais, consórcios intermunicipais e organizações da sociedade civil ampliou-se à medida que a gestão pública passou a adotar práticas modernas de planejamento, monitoramento e avaliação de resultados.

A Reforma do Estado nos anos 1990 e a criação de estruturas de planejamento estratégico em governos municipais, estaduais e federal abriram espaço para administradores assumirem funções de direção, controle interno, orçamento, gestão de contratos, logística, regulação e inovação no serviço público.

Um dos maiores exemplos dessa contribuição é a atuação na área da saúde. Administradores hospitalares, gestores de unidades básicas de saúde, coordenadores de políticas públicas e técnicos de regulação têm desempenhado papel central na melhoria da eficiência dos sistemas de saúde, na racionalização dos recursos e na expansão do acesso à população. Durante a pandemia de Covid-19, a expertise desses profissionais foi essencial na estruturação de hospitais de campanha, centrais de distribuição de vacinas, comitês de crise e fluxos de atendimento.

Na educação, administradores contribuíram para a gestão de redes escolares, programas de ensino técnico, institutos federais e universidades públicas, atuando na área de planejamento, orçamento, contratos e gestão de pessoas. Já na segurança pública, são cada vez mais comuns as funções gerenciais exercidas por profissionais com formação em Administração, voltadas ao monitoramento de indicadores, otimização de recursos e transparência nos processos.

Segundo o CFA, 2023, a atuação de administradores no setor público tem se mostrado fundamental para o aprimoramento da governança. Ferramentas como o Índice CFA de Governança Municipal (IGM-CFA) evidenciam a contribuição desses profissionais na gestão eficiente dos recursos públicos e na implementação de políticas públicas eficazes.

"O administrador público precisa ser mais do que um executor de normas: ele deve ser um articulador de soluções, um estrategista com responsabilidade social" (Oliveira, 2014).

Grandes Nomes da Administração Brasileira

Autores e Intelectuais Reconhecidos

A construção teórica da Administração no Brasil teve como pilares autores que popularizaram conceitos, formaram gerações de estudantes e influenciaram práticas gerenciais em todo o País. Dentre os mais destacados:

- **Idalberto Chiavenato**: autor de referência incontornável, suas obras introduziram com linguagem acessível temas como teoria geral da administração, gestão de pessoas e planejamento estratégico. É considerado um dos autores mais lidos nas Instituições de Ensino Superior no Brasil.
- **Antônio César Amaru Maximiano**: reconhecido por sua abordagem didática e por livros como Teoria Geral da Administração e Introdução à Administração. Contribuiu para a consolidação da literatura técnica no País.
- **Djalma de Pinho Rebouças de Oliveira**: autor de obras fundamentais como Planejamento Estratégico e O Futuro da Administração, tem se destacado por abordar temas como governança, gestão com propósito e inovação em ambientes públicos e privados.

Esses autores são constantemente citados em pesquisas acadêmicas, avaliações institucionais e provas de concursos públicos, tendo influência direta na formação e atuação de administradores por todo o País.

Empreendedores e Gestores Inspiradores

Além da atuação acadêmica, muitos administradores se destacaram como empreendedores ou como líderes de grandes organizações. Alguns exemplos emblemáticos:

- **Guilherme Benchimol**: fundador da XP Inc., revolucionou o mercado financeiro brasileiro com uma gestão estratégica, foco em inovação e expansão de acesso ao investimento.

– **Pedro Passos**: cofundador da Natura, liderou a empresa com práticas de gestão sustentável e inovadora, sendo reconhecido por implementar modelos de governança admirados globalmente.
– **Sônia Hess**: ex-presidente da Dudalina, transformou a empresa familiar em um dos maiores *cases* de expansão e gestão estratégica do setor têxtil no Brasil.

As trajetórias desses profissionais são inspiração direta para profissionais da área, por aplicarem, com excelência, os princípios fundamentais da ciência administrativa.

Homenageados pelos Conselhos Profissionais

Os Conselhos Regionais e o Conselho Federal de Administração têm desempenhado papel essencial na valorização da profissão, promovendo prêmios, homenagens e distinções honoríficas a profissionais que se destacam em suas áreas de atuação.

Entre os premiados notáveis em eventos promovidos pelos CRAs e pelo CFA destacam-se:

– **Maria Eugênia Leite de Castro**: vencedora do Prêmio Belmiro Siqueira, reconhecida por sua atuação na área de gestão hospitalar e inovação em saúde pública.
– **Paulo Roberto Motta**: homenageado por sua contribuição acadêmica e produção intelectual, especialmente na área de cultura organizacional e teoria da administração.
– **Luiz Carlos Di Serio**: pesquisador e professor da FGV, premiado por sua atuação na formação de líderes e na gestão de operações e desempenho empresarial.

Os Conselhos também têm valorizado administradores públicos municipais, estaduais e federais que implementaram boas práticas de gestão pública, inclusive em áreas como saúde, educação e desenvolvimento econômico regional.

Representatividade Regional e Diversidade

Outro aspecto fundamental a ser reconhecido é a diversidade regional e o papel de administradores atuantes em contextos locais, que contribuem com inovações e boas práticas muitas vezes invisibilizadas no cenário nacional. Em diferentes estados e municípios, gestores comprometidos com a eficiência, a ética e a valorização do servidor público vêm sendo reconhecidos por meio de prêmios regionais e menções honrosas pelos CRAs.

Além disso, iniciativas recentes buscam valorizar a participação de mulheres administradoras, gestores negros, jovens talentos e profissionais do interior do País, reforçando o compromisso da profissão com a pluralidade e com a justiça social.

Desafios e Oportunidades do Presente

Nova Era da Estratégia

A concepção clássica do planejamento estratégico passou por importantes revisões nas últimas décadas. A lógica mecanicista, baseada em metas fixas e previsões lineares, vem sendo substituída por abordagens mais dinâmicas, orientadas à adaptabilidade, à inovação contínua e à gestão por cenários.

Peter Drucker, considerado o pai da Administração moderna, já alertava que "a melhor forma de prever o futuro é criá-lo". Para ele, o administrador estratégico é aquele que antecipa mudanças, identifica oportunidades emergentes e transforma conhecimento em ação sustentável (Drucker, 1999).

Mintzberg (2006) reforça a crítica ao modelo prescritivo e propõe uma visão mais realista da estratégia, baseada em padrões de comportamento, aprendizado organizacional e visão integradora entre planejamento e execução. Segundo ele, "estratégia é um padrão em um fluxo de decisões".

Autores como Michael Porter continuam sendo referência central na formação de administradores profissionais, especialmente no que se refere à construção de vantagens competitivas sustentáveis. Embora muitas vezes citados de forma introdutória, seus conceitos permanecem fundamentais. A obra *Vantagem Competitiva* (1985) apresenta as bases para compreender como empresas podem criar e sustentar desempenho superior, enquanto *Estratégia Competitiva* (1999) introduz o modelo das cinco forças e as estratégias genéricas – liderança em custos, diferenciação e enfoque – que ainda são amplamente utilizados na análise de indústrias e na definição de posicionamentos estratégicos.

Entretanto, a evolução do pensamento estratégico demanda uma visão mais ampla. Henry Mintzberg, em *Safari de Estratégia* (2000), critica a visão excessivamente racional e prescritiva do planejamento estratégico clássico, propondo uma abordagem mais plural, que considera diferentes escolas de pensamento – desde o planejamento formal até a estratégia como aprendizado emergente. Essa perspectiva contribui para formar administradores capazes de lidar com a complexidade e a ambiguidade organizacional.

Complementarmente, Gary Hamel e C.K. Prahalad trouxeram uma contribuição decisiva com o conceito de competências essenciais (*core competencies*) em *Competindo pelo Futuro* (1995), defendendo que a verdadeira vantagem competitiva reside na capacidade da organização de identificar, desenvolver e alavancar aquilo que sabe fazer de forma única, criando valor sustentável para os clientes. Essa visão destaca a importância da inovação contínua e da aprendizagem organizacional como diferenciais estratégicos.

Portanto, uma formação estratégica robusta para o administrador profissional deve integrar essas diferentes abordagens – posicionamento, recursos internos, aprendizagem e inovação – como elementos interdependentes e complementares para enfrentar os desafios contemporâneos da gestão.

No setor público, os desafios são igualmente intensos. O administrador público precisa atuar com transparência, eficiência, orientação por resultados e capacidade de articulação com múltiplos atores. A complexidade da máquina pública e os limites fiscais tornam indispensável o domínio de técnicas como planejamento governamental, avaliação de políticas públicas e controle social.

Oliveira (2024) destaca que a governança pública eficiente requer líderes que saibam alinhar ética, inovação e responsabilidade institucional. Já Chiavenato (2003) aponta que o desafio da Administração Pública está em transformar estruturas engessadas em sistemas capazes de responder às reais necessidades da população, com agilidade e humanização.

As boas práticas de gestão pública envolvem, hoje, temas como transformação digital nos governos, uso de dados para políticas públicas, descentralização administrativa, parcerias público-privadas, inovação social e monitoramento contínuo de resultados.

Marketing, Sociedade e Valor Compartilhado

Kotler (2017) ampliou significativamente os horizontes da Administração ao conectar estratégias mercadológicas com responsabilidade social, *branding* com valor percebido e consumo com consciência.

Para o autor, o marketing do século XXI está baseado na cocriação de valor, na experiência do consumidor e no compromisso com a sustentabilidade. Empresas e instituições que não entendem as novas expectativas sociais tendem a perder relevância.

Nesse cenário, administradores atuam como mediadores entre o mercado, a ética e os *stakeholders*. O conceito de valor compartilhado, difundido por Porter e Kramer (2011), reforça a ideia de que é possível – e necessário – alinhar desempenho econômico com impacto social positivo, redefinindo o papel das organizações na sociedade.

Futuro da Profissão: Ética, Tecnologia e Relações Humanas

A Administração do presente exige uma nova postura profissional: mais colaborativa, mais inovadora, mais consciente. O administrador deve ser capaz de compreender contextos multiculturais, trabalhar com equipes diversas, tomar decisões baseadas em dados e promover ambientes inclusivos e sustentáveis.

As habilidades esperadas vão além do domínio técnico: incluem inteligência emocional, pensamento crítico, comunicação estratégica, capacidade de liderar em tempos de crise e domínio de tecnologias emergentes, como inteligência artificial e plataformas digitais.

Drucker (1999) sintetiza esse pensamento ao afirmar que "o administrador do futuro terá que saber lidar com pessoas e informações com a mesma habilidade com que, no passado, se lidava com máquinas e processos".

Além disso, os administradores do futuro precisarão desenvolver uma visão holística da organização e da sociedade. Isso inclui a capacidade de atuar em equipes multiprofissionais, integrando saberes diversos e utilizando tecnologias como suporte à tomada de decisão. A era digital exige gestores que compreendam a interconectividade entre sistemas, processos e pessoas, e que saibam utilizar ferramentas digitais para gerar impacto positivo, produtividade e governança.

Considerações Finais

Celebrar os 60 anos da regulamentação da profissão de administrador no Brasil é mais do que recordar uma trajetória histórica: é reconhecer o papel transformador da Administração no desenvolvimento do País e projetar um futuro em que a gestão seja cada vez mais valorizada como ferramenta de mudança social, econômica e institucional.

Desde a promulgação da Lei nº 4.769/65, a Administração vem se consolidando como ciência aplicada, profissão regulamentada e campo de conhecimento em constante evolução. As décadas que se seguiram trouxeram avanços significativos na formação acadêmica, na estruturação dos Conselhos Profissionais, na produção científica e na atuação prática dos administradores em todos os setores da sociedade.

Como vimos neste capítulo:

- A regulamentação da profissão foi um marco fundamental para organizar e valorizar a atuação técnica e ética do administrador;
- A evolução histórica revelou a diversificação do perfil profissional, a expansão dos cursos e o crescimento dos registros nos CRAs;
- A Administração impacta diretamente o setor privado, público e o terceiro setor, com destaque para áreas como saúde, educação, segurança e inovação;
- Grandes nomes da Administração – nacionais e internacionais – contribuíram com teorias, ferramentas, *cases* e princípios que moldaram a prática contemporânea;
- E os desafios do presente apontam para a incorporação de tecnologias, a liderança em ambientes complexos, a sustentabilidade e a busca por resultados com responsabilidade social.

Neste cenário, o administrador se firma como o especialista em gestão: um profissional habilitado para liderar equipes multidisciplinares, formular estratégias, organizar processos, medir resultados e promover inovação, sempre com base em princípios éticos e técnicos. Ele está preparado para atuar em qualquer tipo de organização – pública, privada ou do terceiro setor – e apto a tomar decisões com o suporte da tecnologia, garantindo precisão, agilidade, eficiência, eficácia e efetividade.

Mais do que executar tarefas administrativas, o administrador é um articulador de soluções. Ele conecta objetivos a resultados, pessoas a propósitos, recursos a impactos. Em um mundo em constante transformação, a Administração profissional continua sendo essencial para transformar desafios em oportunidades e sonhos em realidades sustentáveis.

Que este capítulo seja um ponto de partida para a valorização da história, do presente e, sobretudo, do futuro da profissão. E que os próximos anos da Administração no Brasil sejam marcados por mais reconhecimento, mais inovação e mais compromisso com a construção de um País melhor.

Discussão

Como a atuação do administrador, como especialista em gestão, pode ser decisiva para transformar os desafios contemporâneos em oportunidades reais de desenvolvimento social, econômico e institucional no Brasil?

Estudo de Caso

Gestão Integrada da Saúde Pública em Praia Grande (SP) durante a Pandemia da Covid-19.

Durante a pandemia da Covid-19, o município de Praia Grande (SP) destacou-se nacionalmente pela implementação de um modelo de gestão estratégica na saúde pública, que integrou planejamento, controle de indicadores, comunicação e cuidado humanizado.

Diante de um cenário totalmente novo, sem modelos prontos ou referências consolidadas, a equipe de gestão optou por não "reinventar a roda". Em vez disso, aplicou de forma criteriosa e articulada ferramentas clássicas da Administração já consolidadas na literatura e na prática profissional, como:

- *Brainstorming*, para promover o engajamento da equipe e a geração rápida de soluções em grupo;
- *Benchmarking*, para acompanhar boas práticas de outros municípios e adaptar ações com base em evidências;
- Matriz SWOT (FOFA), para analisar forças, fraquezas, oportunidades e ameaças em tempo real, diante do cenário pandêmico;
- E métodos de gestão participativa, com envolvimento de diversos setores da administração municipal e instituições parceiras.

Entre os resultados concretos, destacam-se:

- A criação ágil de um hospital de campanha com giro eficiente de leitos;
- A implantação de programas de apoio psicossocial para servidores e famílias;

– A articulação com instituições de ensino e setor privado para ampliação da resposta em saúde;
– A formação de um comitê técnico de gestão com monitoramento contínuo de dados;
– E uma comunicação pública clara e transparente, essencial para orientar a população.

O caso demonstra como a Administração profissional, ancorada em técnicas consagradas e adaptadas com flexibilidade, pode gerar impactos positivos mesmo em contextos de alta incerteza.

Referências

Barros Neto JP. Fundamentos da administração empreendedora e competitiva. São Paulo: Atlas; 2018.

Brasil. Instituto Nacional de Estudos e Pesquisas Educacionais Anísio Teixeira. Censo da Educação Superior 2022: notas estatísticas. Brasília: INEP/MEC, 2023. Disponível em: https://www.gov.br/inep. Acesso em: 4 maio 2025.

Bresser-Pereira LC. A reforma do Estado nos anos 90: lógica e mecanismos de controle. Brasília: ENAP; 1996.

Chiavenato I. Administração: teoria, processo e prática. 3ª ed. Rio de Janeiro: Elsevier; 2003.

Conselho Federal de Administração (CFA). Índice CFA de Governança Municipal (IGM-CFA). Brasília: CFA, 2023. Disponível em: https://igm.cfa.org.br/. Acesso em: 5 maio 2025.

Drucker PF. Desafios gerenciais para o século XXI. São Paulo: Pioneira Thomson Learning; 1999.

Hamel G, Prahalad CK. Competindo pelo futuro: estratégias inovadoras para obter o controle do seu setor e criar os mercados de amanhã. Rio de Janeiro: Campus; 1995.

Kotler P. Marketing 4.0: do tradicional ao digital. Rio de Janeiro: Sextante; 2017.

Maximiano ACA. Introdução à administração. São Paulo: Atlas; 2012.

Mintzberg H. Safári de estratégia: um roteiro pela selva do planejamento estratégico. Porto Alegre: Bookman; 2006.

Motta PR. Cultura organizacional e poder nas organizações. 2ª ed. São Paulo: Atlas; 2011. Nogueira CS, Lisboa TC (Orgs.). Administração: avanços e desafios. São Paulo: Nova Terra; 2015.

Oliveira DPR. O futuro da administração. São Paulo: Atlas; 2024.

Porter ME. Competitive strategy: techniques for analyzing industries and competitors. New York: Free Press; 1980.

Porter ME. Competitive advantage: creating and sustaining superior performance. New York: Free Press; 1985.

Porter ME. Vantagem competitiva: criando e sustentando um desempenho superior. Rio de Janeiro: Elsevier; 1999.

Porter ME, Kramer MR. Creating shared value. Harvard Business Review. 2011;89(1/2):62-77.

SEBRAE. Perfil do Empreendedor Brasileiro: relatório de inteligência. Brasília: SEBRAE, 2023. Disponível em: https://www.sebrae.com.br. Acesso em: 4 maio 2025.

Serafim M. Planejamento e impacto social: a gestão pública orientada para resultados. São Paulo: Fundação Dom Cabral; 2022.

Capítulo II

DESAFIOS NA GESTÃO DE SAÚDE: papel da governança e da eficiência nos serviços de saúde

- Cleber Suckow Nogueira
- Teresinha Covas Lisboa

A saúde é um estado de completo bem-estar físico, mental e social, e não apenas a ausência de doença ou enfermidade.

Organização Mundial da Saúde

Objetivos

- Apresentar os principais desafios enfrentados pela gestão de saúde no Brasil contemporâneo.
- Discutir o papel da governança na melhoria dos processos decisórios e da prestação de serviços em saúde.
- Analisar como a eficiência administrativa contribui para a sustentabilidade e a qualidade do sistema de saúde.
- Ilustrar experiências exitosas de gestão em saúde, com base em dados, evidências e práticas consolidadas.
- Refletir sobre o papel do administrador na condução de soluções inovadoras e na implementação de políticas públicas eficazes na área da saúde.

Introdução

A gestão da saúde contemporânea impõe desafios complexos aos administradores públicos e privados, exigindo cada vez mais competências técnicas, sensibilidade social e capacidade de articulação intersetorial. A pandemia da Covid-19 escancarou fragilidades sistêmicas, mas também revelou o protagonismo de gestores eficientes, capazes de coordenar respostas rápidas e humanizadas. Neste cenário, o papel da governança e da eficiência na prestação dos serviços de saúde tornou-se ainda mais evidente.

Este capítulo analisa as estratégias e práticas adotadas para melhorar os serviços de saúde no Brasil, com base em dados oficiais, experiências nacionais e internacionais e a contribuição da literatura especializada. O foco está em compreender como a governança estruturada, o planejamento estratégico, a inovação e a integração entre setores podem elevar a qualidade do atendimento à população e garantir a sustentabilidade dos sistemas de saúde.

A abordagem contempla tanto o Sistema Único de Saúde (SUS) quanto os serviços suplementares e privados, reforçando a importância da complementaridade e da contratualização transparente. Também serão discutidas ferramentas de gestão amplamente utilizadas, como a matriz SWOT, a cadeia de valor e modelos de governança adaptados ao setor saúde.

Papel da Governança na Gestão da Saúde

A governança na gestão da saúde representa um conjunto de mecanismos, práticas e processos pelos quais as organizações são dirigidas, monitoradas e incentivadas, com foco na eficiência, transparência e *accountability*. O conceito de governança, aplicado à saúde pública e suplementar, exige a articulação entre diferentes esferas de governo, instituições privadas, prestadores de serviço e a sociedade civil organizada.

Segundo Serafim (2016), a governança pública contemporânea precisa equilibrar os interesses sociais com a capacidade administrativa do Estado, promovendo políticas públicas sustentáveis e coerentes com as necessidades da população. Na saúde, isso implica não apenas boas práticas de gestão, mas mecanismos institucionais que garantam a participação social e o controle dos resultados.

A atuação das agências reguladoras, como a ANS (Agência Nacional de Saúde Suplementar) e a Anvisa (Agência Nacional de Vigilância Sanitária), reforça a importância da governança na regulação dos serviços e produtos de saúde, além de garantir padrões mínimos de qualidade e segurança. Tais instituições são essenciais para a articulação entre o SUS e a saúde suplementar, atuando como garantidores do interesse público.

De acordo com Oliveira (2024), um modelo de governança eficiente é aquele que consegue integrar planejamento estratégico, monitoramento de indicadores, gestão de riscos e responsabilidade institucional. Para isso, a utilização de ferramentas como o *balanced scorecard*, os sistemas de custeio por atividade (*ABC costing*) e os sistemas de auditoria clínica são cada vez mais recomendados.

A Tabela II.1 apresenta uma avaliação por quesito do município de Praia Grande segundo o IEG-M do Tribunal de Contas do Estado de São Paulo (TCE-SP), ilustrando o papel da governança na melhoria dos serviços públicos, inclusive na saúde.

TABELA II.1 – Avaliação por quesito no IEG-M do TCE-SP – Município de Praia Grande (2023). Fonte: TCE-SP/IEG-M, 2023.

Quesito avaliado	Nota (Praia Grande)
Educação	A
Saúde	B+
Planejamento	A
Gestão Fiscal	A
Meio Ambiente	B+
Proteção aos Cidadãos	A
Governança em TI	A

Planejamento Estratégico e Ferramentas de Gestão

O planejamento estratégico é um dos pilares da gestão eficiente em saúde, pois permite alinhar recursos, metas e ações com as reais necessidades da população. A complexidade do setor exige abordagens técnicas e ferramentas que garantam a racionalização dos recursos e o foco nos resultados.

Segundo Oliveira (2024), o planejamento estratégico eficaz considera variáveis internas e externas e busca integrar diferentes setores da organização, permitindo maior adaptabilidade diante das mudanças. No contexto da saúde, isso significa incorporar elementos da epidemiologia, da administração pública e da economia da saúde.

Oliveira (2024) destaca que a governança estratégica em saúde deve estar apoiada em três pilares: planejamento, execução e controle. Esses pilares precisam ser continuamente realinhados por meio de dados confiáveis e da participação ativa dos diversos atores do sistema de saúde.

Nogueira (2014) reforça a importância de ferramentas administrativas consolidadas para o desenvolvimento de estratégias sustentáveis. O autor enfatiza que a análise SWOT, a matriz BCG e o uso do ciclo PDCA são fundamentais para melhorar a eficiência dos serviços e fortalecer a cultura organizacional voltada para resultados, conforme podemos verificar nas Figuras II.1, II.2 e II.3.

A Matriz SWOT (*Strengths*, *Weaknesses*, *Opportunities*, *Threats*), traduzida para o português como Forças, Fraquezas, Oportunidades e Ameaças, é uma

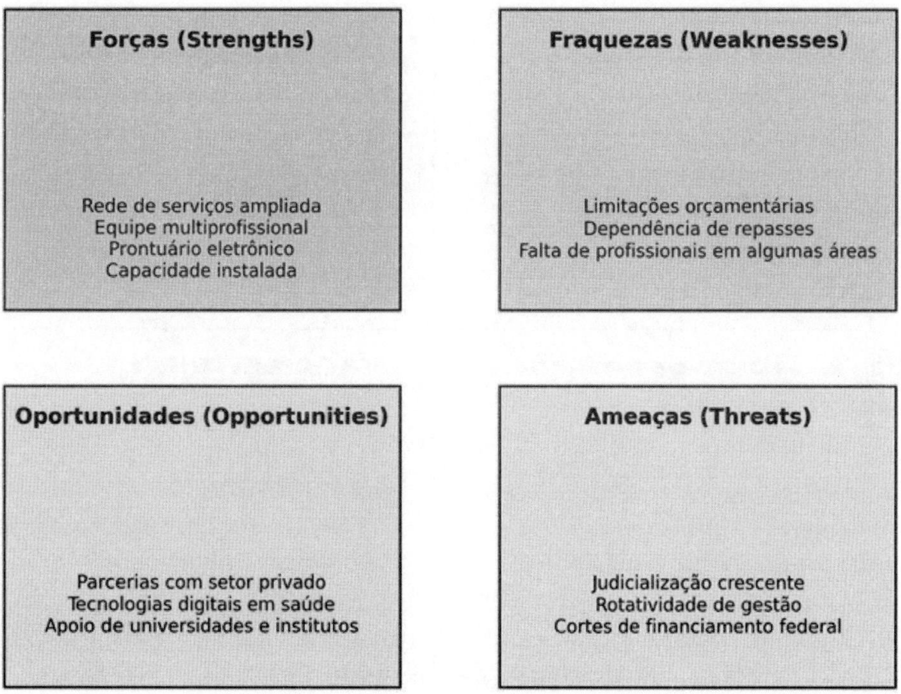

FIGURA II.1 – Matriz SWOT adaptada à gestão em saúde. Fonte: Adaptada de Porter (1989).

ferramenta clássica de análise estratégica. Sua função central é mapear os ambientes interno e externo de uma organização, permitindo que gestores compreendam melhor a posição em que se encontram e tomem decisões mais assertivas.

- Forças e fraquezas correspondem ao ambiente interno, envolvendo recursos, competências, processos e estruturas organizacionais.
- Oportunidades e ameaças dizem respeito ao ambiente externo, abrangendo fatores políticos, econômicos, sociais e tecnológicos que podem influenciar a atuação da instituição.

No contexto da saúde pública, a SWOT é extremamente útil para avaliar políticas, programas e unidades de saúde, permitindo identificar pontos fortes (como cobertura ampliada da atenção primária), pontos fracos (como déficit de profissionais), oportunidades (como novas tecnologias em telessaúde) e ameaças (como crises fiscais ou epidemias).

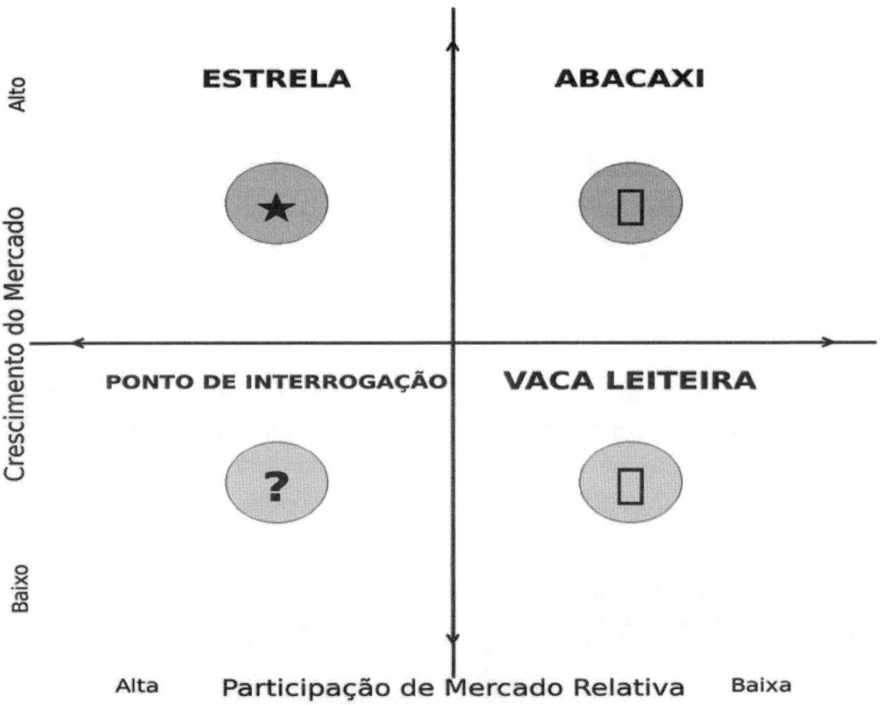

FIGURA II.2 – Matriz BCG para análise de programas públicos. Fonte: Adaptada de Boston Consulting Group (1970).

A Matriz BCG (*Boston Consulting Group*), desenvolvida por Bruce Henderson na década de 1970, foi inicialmente concebida para a análise de portfólios empresariais. Seu uso, entretanto, pode ser adaptado para a administração pública e a saúde.

Essa matriz organiza programas e projetos em quatro quadrantes, de acordo com dois critérios: crescimento e participação relativa (no caso público, pode-se pensar em impacto social e cobertura populacional). Assim, programas podem ser classificados como:

- **Estrela**: iniciativas estratégicas, com grande impacto social e alta prioridade.
- **Ponto de Interrogação**: programas em fase de teste ou de baixa cobertura que precisam de avaliação quanto à sua continuidade.
- **Vaca Leiteira**: ações consolidadas e sustentáveis que demandam menor esforço de gestão, mas mantêm resultados consistentes.
- **Abacaxi**: programas de alto custo e baixo retorno social que exigem reestruturação ou descontinuidade.

O papel da matriz BCG, no setor público, é apoiar a alocação de recursos escassos e garantir maior racionalidade na definição de prioridades governamentais.

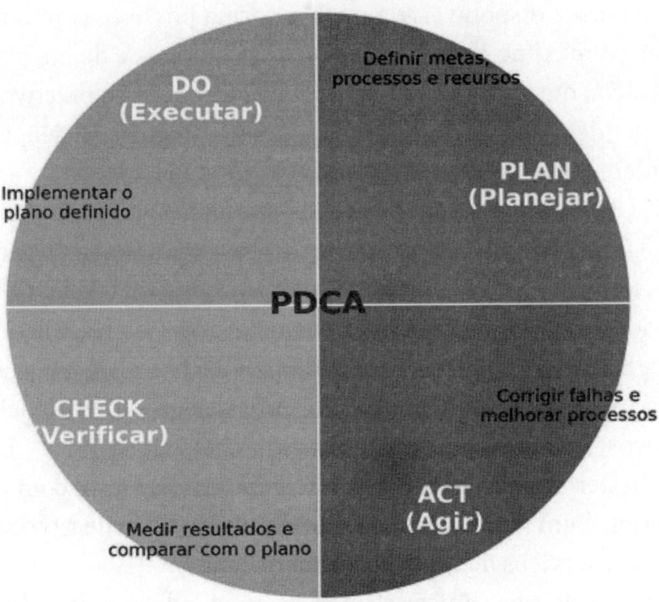

FIGURA II.3 – Ciclo PDCA. Fonte: Adaptada de Deming (1986).

O Ciclo PDCA (*Plan, Do, Check, Act*), difundido por Deming em 1986, é uma das ferramentas mais importantes para o aperfeiçoamento contínuo da gestão. Ele organiza o processo em quatro etapas:

1. ***Plan* (Planejar)** – estabelecer metas, definir métodos e planejar a execução;
2. ***Do* (Executar)** – colocar em prática as ações planejadas;
3. ***Check* (Verificar)** – monitorar e avaliar os resultados, identificando desvios e oportunidades de melhoria;
4. ***Act* (Agir)** – implementar ajustes e consolidar boas práticas, reiniciando o ciclo em busca de novos avanços.

Na saúde, o PDCA pode ser aplicado desde a gestão hospitalar até a formulação de políticas públicas, permitindo que a administração atue com base em evidências e resultados mensuráveis, fortalecendo a cultura de qualidade.

Eficiência na Prestação dos Serviços de Saúde

A busca pela eficiência é um dos grandes objetivos da gestão em saúde, especialmente diante da escassez de recursos e da complexidade dos sistemas de atenção. A eficiência, no contexto administrativo, refere-se à capacidade de utilizar os recursos disponíveis da melhor forma possível, com o mínimo de desperdício e o máximo de resultados positivos. Trata-se de um conceito distinto da eficácia, que está mais relacionada ao alcance dos objetivos estabelecidos, independentemente do custo. A combinação entre eficiência e eficácia é o que confere efetividade à gestão pública em saúde.

A Lei nº 15.126, de 28 de abril de 2025, que alterou a Lei Orgânica da Saúde (Lei nº 8.080/1990), trouxe um avanço relevante ao estabelecer a atenção humanizada como princípio do SUS, reforçando que a eficiência deve estar acompanhada do acolhimento, da escuta qualificada e do respeito à dignidade do cidadão. Essa mudança legislativa alinha-se às diretrizes internacionais da Organização Mundial da Saúde (OMS), que destacam a importância de serviços resolutivos, mas também humanizados.

O Manchester Triage System (MTS), conhecido no Brasil como Protocolo de Manchester, é um sistema estruturado de classificação de risco amplamente utilizado em serviços de urgência e emergência.

Baseado em critérios clínicos e sinais de gravidade, o protocolo estabelece cinco níveis de prioridade, identificados por cores:

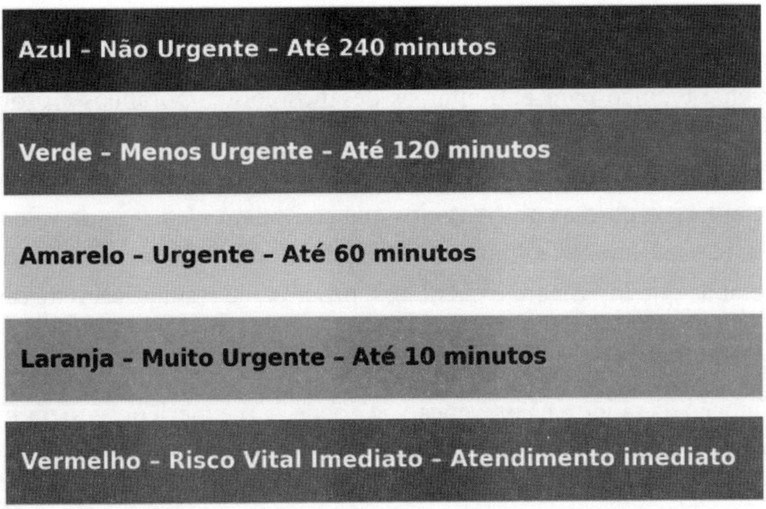

FIGURA II.4 – Esquema de Classificação de Risco segundo o Protocolo de Manchester. Fonte: Adaptada de Manchester Triage System.

- **Vermelho** – Risco Vital Imediato (atendimento imediato)
- **Laranja** – Muito Urgente (até 10 minutos)
- **Amarelo** – Urgente (até 60 minutos)
- **Verde** – Menos Urgente (até 120 minutos)
- **Azul** – Não Urgente (até 240 minutos)

Esse esquema permite que as equipes direcionem esforços para os pacientes que mais necessitam de atendimento imediato, garantindo segurança, equidade e eficiência no uso dos recursos hospitalares.

Integração das ferramentas

Apesar de distintas em sua origem, todas essas ferramentas compartilham a finalidade de orientar a tomada de decisão baseada em critérios objetivos e mensuráveis.

- A SWOT e a BCG fornecem diagnóstico estratégico e direcionamento de prioridades.
- O PDCA assegura a melhoria contínua e o monitoramento sistemático.
- O Protocolo de Manchester garante a efetividade clínica e a justiça no atendimento.

Combinadas, essas metodologias contribuem para uma gestão pública da saúde mais racional, eficiente e orientada a resultados, oferecendo ao gestor um arsenal técnico para enfrentar os desafios contemporâneos e promover políticas que realmente melhorem a qualidade de vida da população.

A compreensão dos processos administrativos no setor público exige um olhar ampliado sobre os diversos elos que compõem a entrega de valor à sociedade. Nesse contexto, a Cadeia de Valor da Gestão Pública permite visualizar as etapas que interligam os insumos, processos e resultados, reforçando o papel da governança e da eficiência na geração de valor.

Outro exemplo relevante é o fortalecimento da atenção primária com foco na promoção da saúde e na prevenção de doenças. A experiência do município da Estância Balneária de Praia Grande destaca-se pela organização de sua rede municipal de saúde com ampla cobertura de atenção primária, integração entre níveis de atenção e foco na saúde preventiva.

Outro elemento importante para a eficiência é a adoção de ferramentas estratégicas que apoiem o planejamento e a execução das ações.

A governança pública, entendida como o conjunto de mecanismos que asseguram a direção estratégica, a supervisão e a prestação de contas na administração, tem evoluído para modelos mais colaborativos e intersetoriais. O Esquema de Governança Pública Integrada, apresentado na Figura II.5, ilustra essa nova abordagem, destacando a articulação entre diferentes atores, instâncias de controle e níveis de governo.

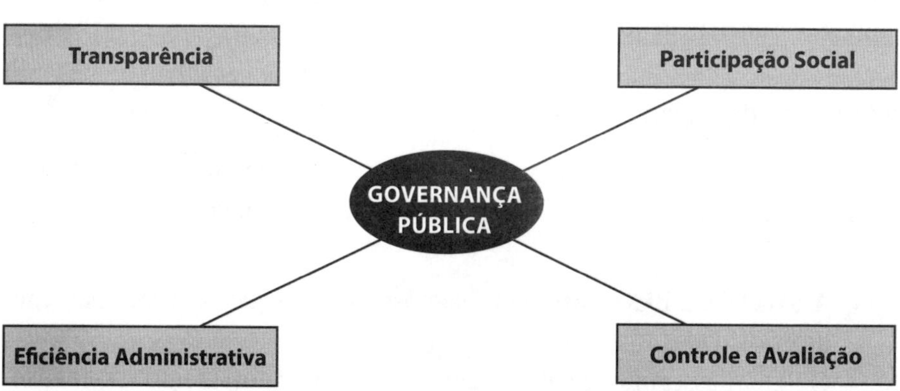

FIGURA II.5 – Governança Pública Integrada. Fonte: Adaptada de OCDE (2018) e TCU (Brasil, 2020).

Tal modelo é especialmente relevante na gestão da saúde, setor que exige coordenação entre União, estados e municípios, bem como entre políticas públicas.

Desafios Atuais e Estratégias Inovadoras

A gestão da saúde enfrenta, nos dias atuais, um conjunto de desafios complexos que exigem soluções inovadoras, sustentáveis e adaptadas às diferentes realidades territoriais. Esses desafios incluem questões relacionadas ao financiamento, à escassez de profissionais, à judicialização da saúde, à regionalização da atenção, às mudanças demográficas e epidemiológicas, além da necessidade de maior integração entre os entes federativos.

O financiamento do sistema de saúde continua sendo uma das maiores fragilidades. Mesmo com a Emenda Constitucional nº 95/2016, que impôs limites ao crescimento dos gastos públicos, os municípios ficaram com responsabilidades crescentes no custeio da saúde. Muitos gestores têm buscado fontes complementares, como transferências voluntárias, emendas parlamentares e convênios com instituições públicas e privadas.

Outro entrave recorrente é a escassez de profissionais especializados, especialmente em regiões periféricas e áreas de difícil provimento. Essa limitação compromete a cobertura e a qualidade da atenção em determinadas localidades, sendo necessário investir em programas de provimento regionalizado, incentivos de fixação e formação multiprofissional.

A judicialização da saúde representa também um fenômeno crescente, impactando a gestão orçamentária e a equidade do sistema. A determinação judicial para fornecimento de medicamentos e tratamentos fora dos protocolos clínicos institucionais pode desorganizar a programação financeira e criar distorções no acesso. Para mitigar esse impacto, é essencial o fortalecimento das instâncias de mediação, como as Câmaras Técnicas de Saúde e os Núcleos de Apoio Técnico do Poder Judiciário.

A regionalização da saúde, prevista na Lei nº 8.080/1990 e reforçada pelo Decreto nº 7.508/2011, é outra agenda estratégica que encontra obstáculos na prática. A ausência de planejamento ascendente, as desigualdades regionais e a fragmentação na gestão interfederativa dificultam a consolidação de redes regionais de atenção. Para superá-las, é necessário o fortalecimento das Comissões Intergestores Regionais (CIR), a atuação das Regiões de Saúde e o apoio técnico-financeiro dos estados e da União.

Neste cenário, algumas estratégias inovadoras têm se destacado como alternativas viáveis para fortalecer a gestão da saúde:

a) **Consórcios Intermunicipais de Saúde** – Os consórcios públicos possibilitam a gestão compartilhada de serviços entre municípios, garantindo escala, economicidade e maior capacidade de negociação.

b) **Contratualização com Organizações Sociais de Saúde (OSS)** – Quando bem regulado, esse modelo permite agilidade administrativa, metas de desempenho pactuadas e avaliação por indicadores.

c) **Autarquias e Empresas Públicas de Saúde** – Estruturas públicas específicas, como a Empresa Paraibana de Serviços Hospitalares, ampliam o controle público e garantem maior autonomia.

d) **Parcerias Público-Privadas (PPPs) e Credenciamento de Serviços** – Viabilizam a contratação via chamamento público e atração de capital privado para infraestrutura e serviços.

e) **Inovação Tecnológica e Saúde Digital** – Soluções como telessaúde, aplicativos e prontuário eletrônico melhoram a eficiência e acessibilidade.

f) **Educação Permanente e Apoio Institucional** – Programas de qualificação e apoio técnico fortalecem lideranças e práticas baseadas em evidências.

Considerações Finais

A gestão da saúde no Brasil exige uma abordagem multidimensional e intersetorial, capaz de responder às necessidades crescentes da população com qualidade, equidade e sustentabilidade. Ao longo deste capítulo, foi possível demonstrar que a governança e a eficiência não são conceitos abstratos, mas pilares concretos para a transformação dos serviços de saúde, especialmente em contextos de escassez de recursos e elevada demanda.

A governança eficaz demanda transparência, participação social e articulação entre os diferentes níveis de governo. Trata-se de um modelo de gestão que vai além da burocracia tradicional e busca integrar planejamento estratégico, avaliação de desempenho, controle social e inovação. Nesse contexto, as ferramentas de gestão, como a análise SWOT, a matriz BCG, o ciclo PDCA e o modelo de Cadeia de Valor, tornam-se aliadas indispensáveis para a tomada de decisão baseada em evidências.

A eficiência, por sua vez, não pode ser confundida com simples economia de recursos. Ela deve estar associada à capacidade de produzir resultados significativos com o menor custo possível, sem comprometer a qualidade, a segurança e o acolhimento. A recente inclusão da atenção humanizada como princípio do SUS reforça a ideia de que a racionalização deve caminhar ao lado da empatia e do cuidado centrado no usuário.

Outro ponto fundamental é a valorização do trabalho em rede, da interdisciplinaridade e da corresponsabilidade entre os entes federados. A pandemia da Covid-19 mostrou que a fragmentação dos sistemas representa uma vulnerabilidade grave, ao passo que a cooperação entre municípios, estados e União pode potencializar a resposta às emergências e às necessidades cotidianas.

Para que essas diretrizes se concretizem, é essencial fortalecer a capacidade institucional dos gestores, investir em educação permanente, apoiar inovações tecnológicas e promover reformas legais que deem suporte à autonomia local com responsabilidade fiscal e social. A consolidação de um modelo de gestão em saúde baseado na governança e na eficiência depende, sobretudo, de escolhas políticas responsáveis e do protagonismo de administradores comprometidos com a ética pública e com os direitos da população.

Discussão

Como os princípios de governança e eficiência podem ser aplicados, de forma integrada e sustentável, nos diferentes modelos de gestão em saúde, visando melhorar o acesso, a qualidade e os resultados para os usuários?

Estudo de Caso Sugerido: Estratégia da Rede Integrada de Saúde em Praia Grande (SP)

O município da Estância Balneária de Praia Grande, no litoral paulista, apresenta um caso exemplar de gestão integrada e orientada pela eficiência e governança. Com uma população que ultrapassa 360 mil habitantes e intensa demanda sazonal, a cidade estruturou uma rede de saúde que abrange desde a atenção primária até a alta complexidade, contando com unidades próprias e serviços contratualizados.

Dentre as estratégias adotadas, destacam-se: a ampliação da Estratégia Saúde da Família (ESF), a integração do prontuário eletrônico em toda a rede, a implantação de centrais de regulação informatizadas, a realização de acolhimento com classificação de risco em todas as unidades de urgência e emergência e a organização de mutirões periódicos para exames e cirurgias eletivas.

Além disso, o município estabeleceu contratos com metas bem definidas com prestadores de serviços, acompanhados por indicadores de desempenho e auditorias clínicas. O uso de ferramentas como o ciclo PDCA e o Lean Healthcare permitiu reduzir o tempo de espera e otimizar os fluxos assistenciais. Durante a pandemia da Covid-19, a cidade montou um hospital de campanha em tempo recorde, criou o programa Acolhe PG e investiu em comunicação digital com a população.

O sucesso da experiência de Praia Grande reforça a importância da liderança técnica qualificada, da continuidade administrativa, do uso estratégico da tecnologia e da gestão orientada por resultados. O caso serve de inspiração para outros municípios que buscam superar os desafios da saúde pública com soluções criativas, sustentáveis e centradas nas pessoas.

A eficiência em saúde deve ser entendida sob uma ótica sistêmica, que considera a jornada do paciente o eixo estruturante do cuidado. Como destacam Konami e Balestrin (2023), a análise de cada etapa do percurso assistencial – desde a porta de entrada até a alta – é essencial para eliminar gargalos, evitar redundâncias e garantir o uso racional dos recursos. Os autores reforçam que os sistemas de saúde que operam com base em valor agregado ao paciente tendem a obter melhores desfechos clínicos com custos mais controlados.

Nesse contexto, a experiência internacional demonstra a relevância da mensuração de desempenho como ferramenta de gestão da eficiência. No Reino Unido, o National Health Service (NHS) implementa o modelo Outcomes Framework, com indicadores de qualidade clínica, segurança do paciente e experiência do usuário. Já no Canadá, as Health Quality Councils promovem a análise comparativa de unidades e regiões, permitindo ajustes em tempo real. Tais práticas podem e devem ser adaptadas ao contexto brasileiro, com o uso progressivo de painéis de indicadores regionais.

Outro ponto estratégico é o alinhamento entre os modelos de remuneração e os objetivos de saúde pública. A adoção de pagamento por desempenho (*pay for performance*), já testada em diversos estados brasileiros, tem demonstrado impacto positivo na eficiência e na qualidade. No entanto, para ser bem-sucedido, esse modelo exige sistemas robustos de informação, auditoria clínica ativa e mecanismos de controle social. Como reforçam Malagón, Pontón e

Reinales (2022), a sustentabilidade dos serviços hospitalares depende da combinação entre gestão estratégica, financiamento adequado e padronização dos processos assistenciais.

É importante destacar que a eficiência só se consolida quando incorporada à cultura institucional. Isso implica envolver lideranças, capacitar equipes e estabelecer metas claras e alcançáveis. A literatura sobre gestão hospitalar moderna enfatiza a importância da descentralização das decisões, da autonomia gerencial com responsabilidade e do estímulo à inovação contínua. Em ambientes onde o controle é excessivo e a confiança é escassa, a eficiência tende a ser limitada por barreiras organizacionais.

Além das questões estruturais já abordadas, um desafio emergente é a incorporação de novas tecnologias e terapias de alto custo no sistema de saúde, especialmente no setor público. A avaliação de tecnologias em saúde (ATS), prevista na Lei nº 12.401/2011, é fundamental para garantir que inovações sejam introduzidas de forma criteriosa, com base em evidências clínicas e custo-efetividade. Contudo, como apontam Daft (2022) e Oliveira (2024), a pressão de grupos de interesse e a judicialização frequentemente rompem essa lógica, sobrecarregando os gestores locais.

A integração entre os sistemas público e suplementar é outra questão sensível e estratégica. Embora juridicamente distintos, os dois subsistemas compartilham parte da infraestrutura e dos profissionais. A contratualização entre o SUS e clínicas ou hospitais da rede privada é legalmente prevista e, em muitos municípios, representa o único caminho viável para garantir acesso a serviços de alta complexidade. Segundo Cristiano Konami e Francisco Balestrin (2023), o futuro da gestão em saúde no Brasil passa pela ampliação de modelos híbridos, com governança pública e operação mista, respeitando os princípios do SUS e os direitos dos usuários.

Outro ponto crítico está na governança regional. Muitos consórcios intermunicipais e redes regionais enfrentam entraves relacionados à falta de autonomia financeira, dificuldades logísticas e ausência de política de recursos humanos compartilhada. Como reforça Barros Neto (2018), o sucesso das estratégias intermunicipais depende da existência de um sistema de informações transparente, de metas pactuadas de forma ascendente e da definição clara das responsabilidades entre os entes.

Por fim, a sustentabilidade da saúde suplementar também merece atenção, sobretudo diante do aumento do número de beneficiários, da complexidade dos tratamentos e da judicialização crescente. A Agência Nacional de Saúde

Suplementar (ANS) vem implementando iniciativas de regulação assistencial e incentivo à atenção primária dentro dos planos, como o programa IDSS – Índice de Desempenho da Saúde Suplementar. Esse movimento visa aproximar o setor privado dos princípios da atenção centrada no usuário, da resolutividade e do cuidado contínuo.

Referências

Bahia L. O SUS e o dilema da sustentabilidade: direitos sociais versus restrição fiscal. Ciência & Saúde Coletiva. 2019;24(12):4555-64.

Brasil. Constituição (1988). Constituição da República Federativa do Brasil. Brasília, DF: Senado Federal; 1988.

Brasil. Lei nº 8.080, de 19 de setembro de 1990. Dispõe sobre as condições para a promoção, proteção e recuperação da saúde. Diário Oficial da União: seção 1, Brasília, DF; 20 set. 1990.

Brasil. Lei nº 9.637, de 15 de maio de 1998. Dispõe sobre a qualificação de entidades como organizações sociais. Diário Oficial da União: seção 1, Brasília, DF; 18 maio 1998.

Brasil. Lei nº 11.107, de 6 de abril de 2005. Dispõe sobre normas gerais de contratação de consórcios públicos. Diário Oficial da União: seção 1, Brasília, DF; 7 abr. 2005.

Brasil. Ministério da Saúde. Sistema de Informações sobre Orçamentos Públicos em Saúde – SIOPS. Brasília, DF: MS; 2023.

Brasil. Ministério da Saúde. Portaria GM/MS nº 1.034, de 5 de maio de 2023. Estabelece diretrizes para a regionalização da saúde. Diário Oficial da União: seção 1, Brasília, DF; 5 maio 2023.

Brasil. Ministério da Saúde. Relatório Resumido da Execução Orçamentária – RREO.

Brasília, DF: MS; 2023.

Brasil. Presidência da República. Lei nº 14.133, de 1º de abril de 2021. Nova Lei de Licitações e Contratos Administrativos. Diário Oficial da União: seção 1, Brasília, DF, 1 abr. 2021.

Brasil. Ministério da Saúde. Programa Mais Médicos: Relatório de Gestão 2023/2024. Brasília, DF: MS; 2024.

CNM – Confederação Nacional de Municípios. Panorama dos Municípios sobre Recursos Humanos na Saúde. Brasília, DF: CNM; 2023.

Daft RL. Administração. 9ª ed. São Paulo: Cengage Learning; 2012.

EBSERH – Empresa Brasileira de Serviços Hospitalares. Brasília, DF: Revista Jurídica da EBSERH. 2023;4(1):49-62, jan./jun.

Jesus F. Gestão Crítica na Saúde – Estratégia em ação. São Paulo: Hucitec; 2022.

Konami C, Balestrin F. Gestão em Saúde: guia prático para reconstruir o futuro. São Paulo: Leader; 2021.

Malagón G, Pontón G, Reinales J. Gestão Hospitalar para uma Administração Eficaz. 4. ed. Bogotá: Ecoe Ediciones; 2018.

Massuda A, Campos GWS. O SUS que dá certo: estratégias inovadoras na gestão do sistema de saúde. Saúde em Debate. 2020;44:29-40.

Mintzberg H, Ahlstrand BW, Lampel J. Safári de estratégia: um roteiro pela selva do planejamento estratégico. Porto Alegre: Bookman; 2000.

Nogueira CS. Planejamento estratégico. São Paulo: Pearson; 2014.

Lisboa TC, Federighi WJP, Nogueira CS. Gestão profissional de estabelecimentos de saúde: como conduzir equipes multiprofissionais e ter resultados positivos. In: Nogueira CS, Lisboa TC (Org.). Administração: avanços e desafios. São Paulo: Nova Terra; 2015. p. 212-48.

Oliveira DPR. O futuro da administração: evolução da administração e da gestão estra- tégica. 2ª ed. São Paulo: Atlas; 2024.

Oliveira EA, Marques RM. Estratégias inovadoras e contratualização no SUS: desafios e perspectivas. Revista de Administração Pública. 2021;55(1):99-120.

Porter ME. Vantagem competitiva: criando e sustentando um desempenho superior. Rio de Janeiro: Campus; 1989.

Serafim MP. Administração Pública Contemporânea: desafios e possibilidades. Revista do Serviço Público, Brasília. 2016;67(2):211-30.

SobraL F, Peci A. Administração: teoria e prática no contexto brasileiro. Rio de Janeiro: Elsevier; 2013.

Capítulo III

GESTÃO DE PESSOAS: cultura, comportamento organizacional e o processo de mudanças nas empresas

- Douglas de Matteu
- João Pinheiro de Barros Neto

Clientes não vêm em primeiro lugar.
Funcionários vêm em primeiro lugar.
Se você cuidar dos funcionários,
eles cuidarão dos clientes.
Richard Branson
(fundador do Grupo Virgin)

Objetivos

- Analisar a importância da cultura organizacional.
- Examinar o comportamento organizacional.
- Discutir o processo de mudanças nas empresas.
- Identificar desafios e tendências na gestão de pessoas.
- Discutir práticas de gestão de pessoas no contexto da Administração 5.0.

Introdução

Em pleno século XXI e no 60º Aniversário da profissão de Administrador no Brasil, a gestão de pessoas continua a ser, indiscutivelmente, um dos pilares fundamentais para o sucesso de qualquer organização, por isso, este capítulo aborda três elementos fundamentais dessa área da Administração: cultura organizacional, comportamento dos colaboradores e desafios inerentes ao processo de mudanças nas organizações.

A cultura organizacional define os valores, crenças e normas que orientam o comportamento dos membros da empresa, ou seja, ela é essencial para criar um ambiente de trabalho positivo e produtivo, onde os colaboradores se sentem motivados e engajados. No entanto, desenvolver e manter uma cultura organizacional forte requer estratégias eficazes e uma liderança comprometida.

O comportamento organizacional, por sua vez, examina como os indivíduos e grupos atuam dentro das empresas em aspectos essenciais, como motivação, satisfação no trabalho, liderança e comunicação são fundamentais para entender e melhorar a dinâmica interna. Isto é, a gestão eficaz desses fatores pode levar à maior produtividade e bem-estar dos colaboradores.

O processo de mudanças nas empresas é outro tema de grande relevância, porque, em um mundo cada vez mais dinâmico, as organizações precisam se adaptar rapidamente às novas demandas e oportunidades. Nesse sentido, faz-se necessário explorar os modelos de gestão de mudanças, as causas da resistência e as melhores práticas para implementar transformações de maneira eficaz.

Além disso, serão discutidos os desafios e tendências emergentes na gestão de pessoas, como diversidade e inclusão, bem-estar dos colaboradores, gestão de talentos e desenvolvimento de competências no contexto da Administração 5.0, que integra tecnologia avançada e sustentabilidade para transformar a gestão de pessoas e promover um ambiente de trabalho mais inovador e responsável.

E agora, com a evolução constante do ambiente corporativo cada vez mais rápida, torna-se imperativo entender como esses elementos interagem e influenciam o desempenho organizacional, especialmente quando se comemora a boda de diamante que simboliza a durabilidade, a pureza e o valor de uma união que resistiu ao tempo, uma verdadeira joia rara que é essa união entre a Administração e a Gestão de Pessoas.

Cultura Organizacional

A cultura organizacional é um dos pilares mais profundos e influentes na estrutura das empresas e das organizações. Segundo Edgar H. Schein (2009), ela representa um padrão de pressupostos básicos compartilhados que um grupo aprendeu ao resolver seus problemas de adaptação externa e integração interna, e que funcionaram bem o suficiente para serem considerados válidos e, portanto, ensinados aos novos membros como a maneira correta de perceber, pensar e sentir em relação a esses problemas.

Em outras palavras, a cultura organizacional molda a identidade da organização e orienta o comportamento de seus membros, influenciando desde decisões estratégicas até interações cotidianas.

Schein e Schein (2022) destacam que a cultura organizacional opera em três níveis: os artefatos visíveis (como estruturas físicas, linguagem e rituais), os valores adotados (crenças e normas que orientam o comportamento) e os pressupostos subjacentes (crenças inconscientes e enraizadas que definem a essência da cultura). Compreender esses níveis é essencial para diagnosticar a cultura existente e promover mudanças eficazes, especialmente em contextos de transformação organizacional.

A importância da cultura organizacional reside no seu papel como força integradora, capaz de alinhar os objetivos individuais aos coletivos, promovendo coesão, engajamento e desempenho. Uma cultura forte e bem gerida pode ser uma vantagem competitiva sustentável, enquanto uma cultura desalinhada pode gerar conflitos, resistência à mudança e queda de produtividade (Perez e Cobra, 2016).

Neste contexto, este capítulo abordará os principais conceitos relacionados à cultura organizacional, seus tipos, impactos no desempenho das empresas e estratégias para o desenvolvimento de uma cultura positiva e alinhada aos objetivos estratégicos da organização.

Definição e Importância da Cultura Organizacional

A cultura organizacional pode ser compreendida como o conjunto de valores, crenças, normas, hábitos e práticas compartilhadas que orientam o comportamento dos membros de uma organização. Ela representa a identidade coletiva da empresa, moldando a forma como os colaboradores interagem entre si, com os clientes e com o ambiente externo.

Segundo Russo (2018), a cultura organizacional é formada por pressupostos básicos aprendidos por um grupo à medida que resolve seus problemas de adaptação externa e integração interna, sendo transmitida aos novos membros como a maneira correta de perceber, pensar e sentir.

Essa definição destaca a natureza dinâmica e evolutiva da cultura, que se desenvolve ao longo do tempo e se manifesta em diferentes níveis mencionados e compreender esses níveis é essencial para diagnosticar a cultura existente e promover mudanças organizacionais eficazes.

A importância da cultura organizacional reside em sua capacidade de alinhar os objetivos individuais aos coletivos, promovendo coesão, engajamento e desempenho. Uma cultura forte e positiva pode ser uma fonte de vantagem competitiva sustentável, pois influencia diretamente a motivação dos colaboradores, a qualidade das decisões e a capacidade de inovação da organização (Freitas, 2006). Por outro lado, culturas disfuncionais ou desalinhadas com os objetivos estratégicos podem gerar conflitos, resistência à mudança e queda de produtividade.

Além disso, a cultura organizacional é um fator determinante na forma como as empresas enfrentam os desafios contemporâneos, como a transformação digital, a diversidade e inclusão, e a sustentabilidade. Como observa Burlamaqui (2021), a cultura é o alicerce sobre o qual se constrói a jornada de transformação humana e empresarial, sendo essencial para criar ambientes de trabalho mais éticos, colaborativos e inovadores.

Portanto, compreender e gerir a cultura organizacional é uma tarefa estratégica para líderes e gestores, especialmente em um cenário de rápidas mudanças e crescente complexidade, pois a cultura não apenas influencia o comportamento organizacional, mas também define os limites do que é possível realizar dentro da organização.

Tipos de Cultura Organizacional

A cultura organizacional pode assumir diferentes formas, refletindo os valores, crenças e práticas predominantes em cada organização. A identificação dos tipos de cultura é essencial para compreender como as empresas funcionam internamente e como respondem a desafios externos. Diversos autores propuseram classificações que ajudam a mapear essas variações culturais, sendo uma das mais influentes a de Charles Handy (2020), que identifica quatro tipos principais: cultura de poder, cultura de papéis, cultura de tarefas e cultura de pessoas.

- **Cultura de poder**: Centralizada em torno de uma figura de autoridade, essa cultura é comum em organizações pequenas ou familiares, onde as decisões são tomadas rapidamente, mas a inovação pode ser limitada.
- **Cultura de papéis**: Baseada em regras, procedimentos e hierarquias bem definidas, é típica de organizações burocráticas. A estabilidade é valorizada, mas a flexibilidade tende a ser reduzida.

- **Cultura de tarefas**: Focada em projetos e resultados, valoriza a competência técnica e o trabalho em equipe. É comum em empresas inovadoras e orientadas a metas.
- **Cultura de pessoas**: Coloca os indivíduos no centro da organização, promovendo autonomia, desenvolvimento pessoal e relações horizontais. É mais comum em organizações voltadas ao conhecimento e à criatividade.

Obviamente podem existir infinitos outros tipos de cultura organizacional, por isso, é importante entender como diferentes tipos de cultura se manifestam e influenciam o comportamento organizacional, destacando-se que não há um tipo ideal de cultura, mas sim uma necessidade de alinhamento entre a cultura existente e os objetivos estratégicos da organização.

Um exemplo interessante de cultura organizacional, para ilustrar o que estamos discutindo no contexto brasileiro, é o Grupo Gazin, cuja trajetória ilustra uma cultura fortemente centrada nas pessoas. Fundado por Mário Gazin, o grupo se destaca por sua estrutura horizontalizada, foco em atendimento e valorização do capital humano. Com mais de 369 lojas de varejo em 16 estados, além de 9 indústrias de colchões, 2 indústria de molas e 25 centros de distribuição de mercadorias e sendo uma das maiores empresas do Brasil, a Gazin construiu uma cultura organizacional sólida ao longo de mais de 55 anos, baseada em confiança, respeito e cuidado com as pessoas. A chamada "Família Gazin" é um reflexo de uma cultura de pessoas, onde o pertencimento, o desenvolvimento humano e o compromisso com o bem-estar coletivo são pilares fundamentais. Como afirmava o próprio fundador, o time que foi montado na Gazin é de primeira linha, com gente muito bem-preparada e interessada em aprender e evoluir, visando ao melhor para a companhia. Essa cultura tem se mantido mesmo após um processo de sucessão fora do núcleo familiar, o que reforça sua força e adaptabilidade dessa cultura organizacional (Awad, 2022).

Casos como o da Gazin demonstram que a cultura organizacional pode ser um diferencial competitivo decisivo, especialmente quando está alinhada com práticas de gestão de pessoas que valorizam o engajamento, a aprendizagem contínua e o cuidado com o outro. Como observa Burlamaqui (2021), a cultura é o alicerce sobre o qual se constrói a transformação humana e empresarial, sendo essencial para criar ambientes de trabalho mais éticos, colaborativos e inovadores.

Impacto da Cultura Organizacional no Desempenho

A cultura organizacional exerce influência profunda sobre o desempenho das organizações, afetando desde a produtividade individual até os resultados estratégicos da empresa. Ela molda comportamentos, orienta decisões e estabelece os limites do que é considerado aceitável ou desejável dentro do ambiente corporativo. Quando bem alinhada aos objetivos organizacionais, a cultura pode ser uma poderosa alavanca de desempenho; quando desalinhada, pode se tornar um obstáculo à inovação, à eficiência e à sustentabilidade (Johann, 2012).

Segundo Reis Neto (2019), a cultura organizacional atua como um sistema de controle informal que orienta o comportamento dos membros da organização, muitas vezes de forma mais eficaz do que regras formais ou estruturas hierárquicas. Isso ocorre porque os pressupostos culturais internalizados influenciam a forma como os colaboradores percebem problemas, tomam decisões e se relacionam com colegas e clientes. Assim, uma cultura que valoriza a excelência, a colaboração e a aprendizagem contínua tende a gerar ambientes de alto desempenho.

Estudos como os de Santos (2021) reforçam essa perspectiva ao demonstrar empiricamente a correlação entre culturas organizacionais fortes e resultados superiores em indicadores como satisfação dos colaboradores, retenção de talentos, inovação e desempenho financeiro. A autora destaca que organizações com culturas bem definidas e coerentes conseguem alinhar melhor suas práticas de gestão de pessoas com seus objetivos estratégicos, promovendo maior engajamento e comprometimento.

Além disso, a cultura organizacional impacta diretamente os principais indicadores de desempenho em Recursos Humanos (Souza, 2016), conhecidos como KPIs (*Key Performance Indicators*). Entre os mais relevantes estão:

- Absenteísmo e frequência: culturas que valorizam o bem-estar e a qualidade de vida tendem a apresentar menores taxas de faltas e atrasos.
- Clima organizacional e satisfação: diretamente influenciados por valores como respeito, transparência e colaboração.
- Competitividade salarial e de benefícios: embora não exclusivamente cultural, é influenciada por valores organizacionais relacionados à valorização do capital humano.
- Desempenho e produtividade: aumentam em ambientes onde há clareza de propósito, autonomia e apoio mútuo.

- eNPS (*employee net promoter score*): mede a probabilidade de um colaborador recomendar a empresa; culturas positivas elevam esse índice.
- *Turnover*: a rotatividade de funcionários pode ser reduzida em culturas que promovem pertencimento, reconhecimento e desenvolvimento.

Um aspecto frequentemente negligenciado, mas de grande impacto, é o bem-estar financeiro dos colaboradores. Práticas culturais que ignoram essa dimensão podem gerar efeitos negativos como absenteísmo no dia do pagamento, venda recorrente de férias para quitar dívidas e até pedidos de demissão como estratégia para acessar o fundo de garantia. Esses comportamentos afetam diretamente os indicadores de desempenho e revelam a importância de uma cultura que promova segurança financeira, educação econômica e apoio ao colaborador em múltiplas dimensões da vida.

Portanto, compreender o impacto da cultura organizacional no desempenho é fundamental para líderes e gestores que desejam promover ambientes de trabalho saudáveis, produtivos e alinhados com os desafios contemporâneos. A cultura não é apenas um reflexo da organização, mas também um motor que impulsiona ou limita seu sucesso.

Estratégias para Desenvolver uma Cultura Positiva

Desenvolver uma cultura organizacional positiva é um processo contínuo e estratégico que exige o envolvimento da liderança, o alinhamento com os valores institucionais e a participação ativa dos colaboradores. Uma cultura positiva não surge espontaneamente; ela é construída intencionalmente por meio de práticas que promovem confiança, pertencimento, propósito e bem-estar no ambiente de trabalho.

Segundo Edgar Schein (2019), a transformação cultural começa com a conscientização dos pressupostos subjacentes que moldam o comportamento organizacional. Para que uma cultura positiva floresça, é necessário que os líderes estejam dispostos a questionar crenças arraigadas, ouvir ativamente e modelar os valores desejados. A liderança, portanto, desempenha um papel central como agente de cultura, influenciando diretamente a forma como os colaboradores percebem e vivenciam o ambiente organizacional.

Entre as estratégias mais eficazes para o desenvolvimento de uma cultura organizacional positiva, destacam-se:

- **Ambiente de segurança psicológica**: Criar um espaço onde as pessoas se sintam seguras para expressar ideias, assumir riscos e aprender com os erros é essencial para a inovação e o engajamento.
- **Comunicação transparente e constante**: A cultura se fortalece quando há canais abertos de diálogo, *feedback* e reconhecimento. A transparência gera engajamento e reduz ruídos organizacionais.
- **Definição clara de valores e propósito organizacional**: Valores bem definidos e comunicados servem como guia para decisões e comportamentos. Eles devem ser vivenciados na prática e não apenas declarados em documentos institucionais.
- **Investimento em desenvolvimento humano**: Programas de capacitação, *coaching, mentoring* e bem-estar demonstram o compromisso da organização com o crescimento integral dos colaboradores.
- **Liderança exemplar e coerente**: Líderes que incorporam os valores da organização em suas ações diárias inspiram confiança e reforçam a cultura desejada.
- **Reconhecimento e valorização das pessoas**: Práticas de reconhecimento, celebração de conquistas e valorização da diversidade contribuem para um ambiente mais humano e motivador.

Investir fortemente em gestão de pessoas, comunicação interna e desenvolvimento de lideranças, bem como na horizontalidade nas relações e no cuidado com o bem-estar dos colaboradores são pilares que sustentam uma cultura organizacional sólida e admirada e traz resultados (Carvalho e Boonstra, 2018).

Além disso, autores como Marchiori (2013) e Barros Neto e Tanabe (2025) destacam que a construção de uma cultura positiva exige sensibilidade às dimensões simbólicas e emocionais da vida organizacional, incluindo o respeito às histórias, aos rituais e às identidades que compõem o tecido cultural da empresa.

Por fim, é importante lembrar que a cultura organizacional não é estática. Ela evolui com o tempo e deve ser constantemente monitorada e ajustada para permanecer alinhada aos desafios do ambiente externo e às aspirações internas da organização.

Comportamento Organizacional

O comportamento organizacional é um campo essencial da Administração que busca compreender, prever e influenciar o comportamento humano dentro das empresas. Para Robbins e Judge (2020), trata-se de um estudo sistemático das ações de indivíduos e grupos nas organizações, com foco na melhoria do desempenho individual e coletivo, no fortalecimento da cultura organizacional e na promoção de um ambiente mais saudável e produtivo. É importante considerar que todo resultado, pessoal, profissional e, consequentemente, organizacional, está diretamente relacionado ao comportamento humano.

Conceitos Fundamentais de Comportamento Organizacional

Trata-se de um campo de estudo multidisciplinar por natureza, integrando conhecimentos da Psicologia, Sociologia, Antropologia e da própria Administração. Seu objetivo vai além de descrever como as pessoas se comportam: busca aplicar esse conhecimento para resolver problemas reais nas organizações, promovendo ambientes de trabalho mais eficazes, produtivos, colaborativos e sustentáveis.

O comportamento humano é influenciado por variáveis interdependentes, como valores, crenças, emoções, experiências anteriores, fatores socioculturais e biológicos, além das motivações e objetivos individuais. Esses elementos atuam em conjunto, orientando percepções, decisões e ações, e ajudam a explicar a complexidade e a diversidade das condutas humanas.

Níveis de Análise: Individual, Grupal e Organizacional

O comportamento organizacional pode ser analisado em três níveis distintos:

- **Individual**: Foca nas atitudes, personalidade, percepções, motivações e habilidades dos colaboradores. Compreender as diferenças comportamentais é essencial para líderes que desejam extrair o melhor de cada pessoa.
- **Grupal**: Analisa a dinâmica entre os membros de uma equipe, considerando aspectos como liderança, comunicação, papéis sociais, conflitos e coesão. Equipes eficazes dependem tanto de competências técnicas quanto do alinhamento comportamental.
- **Organizacional**: Examina a cultura, a estrutura e as políticas da organização como elementos que influenciam o comportamento coletivo e impactam diretamente a *performance* geral.

Esses três níveis estão interligados. O entendimento integrado desses aspectos permite que líderes e gestores tomem decisões mais humanas, estratégicas e conscientes.

Contratados pelo Currículo e Demitidos pelo Comportamento

A máxima "as pessoas são contratadas pelo currículo e demitidas pelo comportamento" revela uma verdade incômoda, porém crucial: as competências técnicas (*hard skills*) podem até abrir as portas, mas são as atitudes, valores e comportamentos (*soft skills*) que mantêm o profissional dentro da organização ou o afastam dela.

Comportamentos inadequados, resistência ao *feedback*, falta de colaboração ou empatia estão entre as principais causas de desligamentos. Por essa razão, cresce o número de empresas que investem em processos seletivos por competências comportamentais, utilizam ferramentas de análise de perfil e implementam programas contínuos de desenvolvimento humano e avalia.

Teorias de Perfil Comportamental

Compreender os perfis comportamentais é um diferencial estratégico na gestão de pessoas. Uma forma prática e eficaz de aplicar esse conhecimento no contexto organizacional é por meio de modelos como DISC, MBTI e ferramentas modernas e acessíveis, como o SysPersona, que permitem identificar padrões de personalidade e comportamento. Esses modelos contribuem para: alocar profissionais em funções compatíveis com suas características individuais. Prever reações diante de mudanças, conflitos ou situações de pressão. Melhorar a comunicação entre líderes e liderados. Compor equipes com perfis complementares e mais equilibrados.

Motivação e Satisfação no Trabalho

Motivação é a energia interna que impulsiona o comportamento das pessoas na direção de objetivos, sonhos e resultados. Satisfação no trabalho, por sua vez, é o sentimento resultante da correspondência (ou não) entre o que o indivíduo espera e aquilo que a organização oferece. Compreender ambos os fenômenos são indispensáveis para qualquer gestor que deseje construir ambientes de alta *performance*, reter talentos e fomentar inovação.

Teorias da Motivação

Na literatura da Administração e Psicologia existem diversos modelos para explicar o que motiva as pessoas no contexto de trabalho. Entre os mais conhecidos e utilizados estão:

1. **Pirâmide de Maslow:** Abraham Maslow propôs uma hierarquia de necessidades humanas, na qual as pessoas buscam satisfazer, em ordem crescente, necessidades fisiológicas, de segurança, sociais, de estima e de autorrealização. No ambiente organizacional, gestores atentos percebem que colaboradores não buscam apenas salário (necessidades básicas), mas reconhecimento, pertencimento e oportunidades de crescimento (níveis superiores) (Maslow, 2010).
2. **Teoria dos Dois Fatores de Herzberg:** Frederick Herzberg identificou dois grupos de fatores que influenciam a satisfação no trabalho:
   - **Fatores higiênicos:** condições de trabalho, salário, políticas da empresa, relacionamento com chefes e colegas. Sua ausência gera insatisfação, mas sua presença não garante motivação.
   - **Fatores motivacionais:** reconhecimento, responsabilidade, trabalho significativo, oportunidades de crescimento. Estes, sim, são capazes de gerar verdadeira motivação e satisfação.

   A separação entre fatores motivacionais e higiênicos (Herzberg) tem implicações diretas na gestão de pessoas. Um ambiente limpo, salário compatível, benefícios adequados e condições de trabalho seguras evitam a insatisfação. No entanto, para engajar, é preciso ir além: é recomendado oferecer autonomia, reconhecimento, *feedback* positivo, oportunidades de aprendizado e propósito.
3. **Teoria das Necessidades:** A Teoria das Necessidades de McClelland, proposta por David McClelland, identifica três necessidades fundamentais que influenciam a motivação no trabalho: a necessidade de realização, que representa o desejo de superar desafios e alcançar resultados; a necessidade de afiliação, relacionada à busca por se relacionar, pertencer e ser aceito; e a necessidade de poder, que envolve a vontade de influenciar e liderar pessoas. Gestores eficazes são capazes de identificar essas necessidades em seus colaboradores e, assim, personalizar estratégias motivacionais para cada perfil.

Ferramentas Práticas de Gestão Motivacional

Gestores que desejam promover motivação e satisfação devem utilizar ferramentas e práticas baseadas em evidências, tais como:

- **Reconhecimento frequente:** *feedbacks* positivos, celebração de conquistas e valorização dos esforços.
- **Desenvolvimento contínuo:** oferecer treinamentos, oportunidades de crescimento e projetos desafiadores.
- **Clareza de propósito:** comunicar o impacto do trabalho individual nos resultados da empresa.
- **Autonomia:** permitir liberdade e responsabilidade na tomada de decisões.
- **Escuta ativa:** promover canais de comunicação onde colaboradores possam expressar opiniões, ideias e preocupações.

O uso de pesquisas de clima, avaliações 360 graus e programas de recompensas também potencializa o engajamento e ajuda a identificar pontos de melhoria contínua.

Liderança e Gestão de Equipes

Liderar é muito mais do que ocupar um cargo ou exercer autoridade formal. Liderar é inspirar pessoas, mobilizar talentos e construir pontes entre indivíduos e propósitos. Na era da Administração 5.0, o papel do líder se amplia: ele é agente de transformação, guardião da cultura e facilitador do desenvolvimento coletivo.

Estilos de Liderança: Autocrática, Democrática e Liberal

Existem várias formas de classificar os estilos de liderança. Uma das classificações mais tradicionais é a de Lewin, Lippitt e White, apresentada no quadro III.1, o qual sintetiza os estilos tradicionais de liderança (autocrático, democrático e liberal) destacando suas características, focos e cuidados, e reforça a importância de adaptar o estilo ao contexto e à maturidade da equipe.

Liderança Situacional e o Líder Coach

O modelo de liderança situacional propõe que não existe um único estilo ideal de liderança. O líder eficaz adapta seu comportamento ao nível de ma-

QUADRO III.1 – Tipos Tradicionais de Liderança.

Tipo	Característica	Decisão	Foco	Estilo	Cuidados
Autocrático	O líder é o centro que determina o que fazer, como, quando e quem.	Centralizada no líder	No resultado e em tarefas	Racional e pragmático	Pode adotar uma postura autoritária em demasia e ser classificado pela equipe como "insensível".
Democrático	O líder interage com a equipe e todos decidem como será o trabalho.	Junto com o grupo	Nas pessoas e sua participação	Relacional e emocional	O estilo compreensivo em excesso pode prejudicar os resultados da organização.
Liberal (*laissez-faire*)	O líder participa pouco das decisões e deixa a execução do trabalho por conta da equipe	Descentralizada	Na liberdade e no *empowerment*	Individualista e autônomo	Pode ser omisso e o grupo pode se sentir perdido.

Fonte: Matteu, 2019 p. 67.

turidade, autonomia e competência de cada membro ou equipe, alternando entre direcionar, orientar, apoiar ou delegar.

Outro modelo de destaque é o líder *coach*, ele conduz sua equipe por meio do desenvolvimento individual, da escuta ativa e do *feedback* constante, adotando um estilo apoiador que suspende julgamentos, utiliza perguntas para desafiar os liderados e despertar consciência e autorresponsabilidade, com seu trabalho alicerçado no foco em resultados, respeitando e valorizando as pessoas (Matteu, 2019).

O líder atual, além de liderar pessoas, deve ser capaz de utilizar as tecnologias emergentes, incluindo a liderança de agentes de inteligência artificial e de equipes humanas rumo aos objetivos organizacionais.

Equipes de Alta *Performance*

Uma equipe é um conjunto de pessoas que trabalham juntas com um objetivo em comum. No entanto, os times de alta *performance* vão além, apresentando características fundamentais que os diferenciam. Eles possuem objetivos claros e alinhados ao propósito organizacional, cultivam confiança e mantêm uma comunicação aberta entre os membros, valorizam a diversidade de competências, respeitam as diferenças e cultivam um espírito de unidade. Soma-se a isso a capacidade de autogestão, a habilidade de lidar com conflitos de forma construtiva e a manutenção de uma cultura de aprendizado contínuo, celebrando conquistas coletivas ao longo do caminho.

O verdadeiro potencial de uma equipe emerge quando cada integrante se sente respeitado, valorizado, confia plenamente nos demais e atua de forma alinhada aos seus talentos e propósito. A liderança é o catalisador desse processo, promovendo um ambiente onde pessoas comuns alcançam, juntas, resultados desejados.

Comunicação e Dinâmica de Grupo

A comunicação eficaz é o elemento central que dá bases para o processo de liderança e que governa as interações e determina a *performance* de um grupo de trabalho. Quando a comunicação é deficiente gera resultados adversos, impactando diretamente a viabilidade e o sucesso da equipe.

A falta de uma comunicação eficaz dentro da equipe pode gerar diversas consequências negativas. Entre as mais relevantes estão os conflitos interpessoais, muitas vezes causados por mal-entendidos, falta de clareza e ausência de assertividade, gerando ineficiência e o desperdício tornam-se frequentes devido à má coordenação, retrabalho e falhas na transmissão de informações podem perder produtividade, gerar erros e conflitos. A ausência de um diálogo aberto e construtivo compromete a colaboração criativa e o alinhamento estratégico, aumentando significativamente o risco de fracasso em projetos e iniciativas de inovação. Um levantamento da Holmes Report estima que as empresas perdem mais de US$ 37 bilhões por ano devido a falhas de comunicação entre líderes e equipes[1].

Barreiras e Ruídos na Comunicação

A comunicação eficaz pode ser comprometida por diversas barreiras e ruídos, que dificultam a compreensão da mensagem e aumentam o risco de conflitos. Entre os principais fatores que interferem nesse processo estão: falta de clareza, excesso de informações, interpretações equivocadas, diferenças culturais ou geracionais, uso inadequado da tecnologia e emoções negativas, como ansiedade, raiva ou medo, que distorcem o entendimento.

Tipos de Comunicação

A comunicação dentro das empresas se apresenta sob múltiplas formas:

- **Verbal:** Utiliza palavras faladas, sendo a base de reuniões, apresentações e conversas diárias.
- **Não verbal:** Inclui gestos, expressões faciais, postura e até o silêncio, transmitindo emoções e intenções além das palavras.
- **Formal:** Segue canais institucionais definidos (e-mails corporativos, comunicados, atas de reunião).
- **Informal:** Ocorre em conversas espontâneas, nos corredores ou em grupos de mensagens, influenciando a cultura e o clima da organização.

Saber identificar e gerir essas diferentes formas de comunicação é papel do líder.

Comunicação Assertiva e o *Feedback*

A comunicação assertiva é a habilidade de expressar ideias, opiniões e sentimentos de maneira clara, direta e respeitosa, sem recorrer à passividade nem à agressividade. Quando incentivada no ambiente organizacional, ela contribui significativamente para a redução de mal-entendidos e conflitos, fortalece a confiança entre os membros da equipe e facilita a tomada de decisões mais eficazes e colaborativas.

Feedback é um processo de comunicação que fornece a uma pessoa ou equipe informações sobre seu desempenho e comportamento. Seu principal objetivo é orientar o desenvolvimento contínuo, reforçando ações eficazes e corrigindo desvios para aprimorar resultados futuros. Não se trata de uma crítica, mas de um diálogo estruturado para o crescimento e desenvolvimento.

Dinâmica de Grupos e Papéis Sociais

O desempenho de uma equipe é o resultado direto da complexa interação entre sua dinâmica de grupo e a estrutura de papéis que seus membros ocupam. Nesse contexto, é fundamental reconhecer que cada indivíduo opera simultaneamente com dois tipos de papéis. O primeiro é o papel formal, que é definido pela organização. Hoje, essa definição é uma responsabilidade estratégica do setor de Recursos Humanos (RH), que utiliza plataformas e sistemas de gestão de talentos para criar e manter descrições de cargos. Essas descrições estabelecem as tarefas, funções e responsabilidades oficiais de cada um, respondendo à pergunta fundamental: "Qual é o seu trabalho?"

Em paralelo a essa estrutura oficial, e de forma mais orgânica, emergem os papéis sociais ou informais. Eles surgem espontaneamente da personalidade e da dinâmica de interação do grupo, como a figura do líder informal, do inovador que propõe ideias, ou do mediador que apazigua tensões. Esses papéis respondem a uma pergunta diferente, mas igualmente importante: "Quem você é dentro do grupo?"

O grande desafio e a chave para a alta *performance* residem na gestão dessa dualidade. Cabe ao líder eficaz não apenas administrar as responsabilidades dos cargos formais, mas também observar, compreender e alinhar os papéis sociais que se manifestam. Ao harmonizar a estrutura definida pelo RH com a dinâmica social que pulsa na equipe, o gestor transforma o grupo em uma unidade coesa e de alto desempenho, capaz de maximizar seu potencial e alcançar resultados extraordinários.

Saiba mais: A Comunicação Não Violenta (CNV), desenvolvida por Marshall Rosenberg em seu livro Comunicação Não Violenta (2021), é uma abordagem que promove empatia, escuta ativa e respeito nas relações profissionais. Ela se baseia em quatro etapas: observar sem julgar, expressar sentimentos com autenticidade, identificar as necessidades por trás desses sentimentos e fazer pedidos claros. Empresas que adotam a CNV observam redução de conflitos, maior engajamento e melhoria no clima organizacional.

Processo de Mudanças nas Empresas

Mudança é uma constante inevitável no mundo organizacional. Empresas que sobrevivem e prosperam são aquelas que conseguem transformar a necessidade de mudar em uma vantagem competitiva.

Introdução ao Processo de Mudança

No entanto, a resistência à mudança faz parte do processo humano, pois envolve sair da zona de conforto e enfrentar o desconhecido. Logo, a verdadeira arte da gestão está em transformar a mudança em um caminho de evolução, aprendizado, evolução e crescimento e não em fonte de dor, medo ou paralisia.

Tipos de Mudança Organizacional

Vejamos alguns dos principais tipos de mudança organizacional.

- **Mudança Reativa**: Ocorre em resposta a pressões externas, como crises, queda de resultados ou alterações no mercado. Exemplo: reestruturações diante da pandemia da Covid-19.
- **Mudança Proativa**: Antecipação a tendências e ameaças, promovendo inovações antes que sejam impostas pelas circunstâncias. Exemplo: empresas que digitalizaram processos antes de a transformação digital ser inevitável.
- **Mudança Adaptativa**: Ajustes incrementais e contínuos, como atualização de rotinas, procedimentos ou adequações normativas.
- **Mudança Transformacional**: Mudanças profundas que redefinem a cultura, os modelos de negócio e a identidade organizacional, frequentemente impulsionadas por tecnologias disruptivas, fusões ou grandes mudanças de mercado.

Papel da Liderança no Início da Mudança

Toda mudança organizacional efetiva começa com uma liderança consciente e engajada. Líderes são agentes catalisadores, responsáveis por: Definir e comunicar uma visão clara do futuro. Engajar colaboradores desde o início e ao longo do processo. Identificar resistências e atuar como facilitadores, bem como garantir recursos, treinamentos e suporte emocional para as equipes.

Segundo Kotter (2017), 70% dos projetos de mudança fracassam por falta de liderança eficaz e de uma comunicação estruturada e transparente. Diante do exposto fica evidenciado o papel do líder para sensibilizar a equipe para mudança, promover a mudança e incentivar a cultura de mudança constante.

O líder deve adotar uma visão sistêmica, considerando que as mudanças isoladas dificilmente geram resultados sustentáveis. É preciso visão sistêmica: compreender a organização como um sistema integrado, onde processos, pessoas, tecnologia, cultura e estratégia interagem. Toda alteração em uma dessas dimensões impacta as demais, exigindo planejamento cuidadoso, alinhamento de expectativas e monitoramento constante dos resultados.

Contexto Atual: Mundo VUCA, BANI, IA e Robôs

Vivemos em um contexto marcado por transformações aceleradas e inéditas. Dois conceitos ajudam a compreender a complexidade desse ambiente:

- **Mundo VUCA e BANI** (Volátil, Incerto, Complexo e Ambíguo): Popularizado pelo Exército dos EUA e adotado pelo mundo corporativo, descreve ambientes de rápidas mudanças, pouca previsibilidade e múltiplas variáveis interagindo de forma imprevisível. **BANI** (Frágil, Ansioso, Não linear e Incompreensível): termo mais recente, que enfatiza o impacto emocional das mudanças e a dificuldade de entender causas e efeitos claros nas decisões.

A ascensão da Inteligência Artificial (IA) e dos robôs traz novos desafios e oportunidades para as organizações: automatização de processos, análise avançada de dados, novas formas de trabalho e o surgimento de profissões e competências antes inimagináveis. Adaptar-se a esse cenário requer líderes visionários, equipes capacitadas para o aprendizado contínuo e culturas organizacionais que valorizem a inovação.

Segundo o Fórum Econômico Mundial (2023), mais de 85 milhões de empregos deixarão de existir até 2025, enquanto 97 milhões de novas funções devem surgir – muitas ligadas à IA, ciência de dados e automação[1].

Modelos de Gestão de Mudanças

Para transformar a resistência em engajamento e a incerteza em ação, líderes precisam de modelos sólidos para guiar o processo de mudança. Modelos de gestão de mudanças são mapas: oferecem caminhos testados, etapas claras e pontos de atenção. Mas é sempre o líder quem decide, adapta e trilha o caminho, ajustando cada método à realidade e à cultura da organização.

Modelo de Kotter: 8 Etapas da Mudança

O Modelo proposto por John Kotter (2017), professor da *Harvard Business School*, é um dos modelos mais difundidos de gestão de mudanças, dividido em 8 etapas sequenciais:

1. Estabelecer senso de urgência
2. Formar uma coalizão de liderança
3. Desenvolver uma visão e estratégia
4. Comunicar a visão de mudança
5. Remover obstáculos
6. Gerar vitórias de curto prazo
7. Consolidar ganhos e promover novas mudanças
8. Ancorar as novas abordagens na cultura organizacional

O modelo de Kotter é prático, detalhado e adequado para mudanças de grande porte, exigindo comunicação intensa e liderança engajada em todas as etapas.

Modelo ADKAR

O modelo ADKAR organiza o processo de mudança em cinco dimensões individuais, que representam as etapas essenciais que uma pessoa precisa percorrer para que a mudança seja realmente implementada e sustentada (Hiatt, 2006). O ADKAR é um acrônimo das palavras em inglês:

---

[1]Fórum Econômico Mundial. The Future of Jobs Report 2023. Disponível em: https://www.weforum.org/reports/the-future-of-jobs-report-2023/

- ***Awareness*** (Consciência): Refere-se ao entendimento sobre a necessidade da mudança. Antes de qualquer transformação, é fundamental que os indivíduos saibam por que a alteração é necessária e quais riscos existem em não mudar.
- **Desire** (Desejo): Trata-se da vontade de participar e se engajar no processo de mudança. É o momento em que a pessoa internaliza a necessidade e decide contribuir ativamente para a transformação.
- ***Knowledge*** (Conhecimento): Envolve a compreensão de como implementar a mudança. Inclui o aprendizado sobre novos processos, sistemas, comportamentos e habilidades exigidos.
- ***Ability*** (Habilidade): Refere-se à capacidade de colocar o conhecimento em prática, ou seja, de transformar teoria em ação efetiva no dia a dia.
- ***Reinforcement*** (Reforço): Corresponde ao fortalecimento e à sustentação da mudança ao longo do tempo. Abrange ações de reconhecimento, acompanhamento e incentivos para garantir que a nova abordagem se torne parte da cultura organizacional.

O modelo ADKAR é amplamente utilizado em projetos de gestão de mudanças porque foca na transformação no nível individual, tornando o processo mais tangível e mensurável. Ao acompanhar cada dimensão, líderes e gestores conseguem identificar barreiras específicas à mudança e atuar preventivamente, aumentando a probabilidade de sucesso dos projetos (Hiatt, 2006).

Curva de Mudança de Kübler-Ross

Originalmente elaborada pela psiquiatra suíça Elisabeth Kübler-Ross em 1969 para descrever as fases do luto, a Curva de Kübler-Ross também é amplamente utilizada no campo da gestão de mudanças organizacionais. Esse modelo propõe que, diante de mudanças significativas ou inesperadas, as pessoas tendem a passar por diferentes estágios emocionais, semelhantes aos enfrentados no processo de luto.

Os cinco estágios principais são:

- **Negação:** A pessoa resiste a aceitar que a mudança irá acontecer ou já está acontecendo. Pode manifestar descrença, minimizar os impactos ou até ignorar as informações recebidas.

- **Raiva:** Com a crescente percepção de que a mudança é inevitável, surgem sentimento de frustração, revolta ou irritação. Muitas vezes, essa raiva é direcionada à liderança, aos colegas ou à situação em si.
- **Negociação:** Nessa fase, o indivíduo busca alternativas ou tenta negociar para adiar, suavizar ou modificar os termos da mudança, procurando sentir que ainda tem algum controle sobre o processo.
- **Depressão:** Quando percebem que a mudança é inevitável e não pode mais ser evitada ou contornada, sentimentos de tristeza, apatia ou desânimo podem surgir. É comum observar queda no engajamento ou na produtividade.
- **Aceitação:** No final do ciclo, após processar emocionalmente todos os estágios anteriores, a pessoa começa a aceitar a nova realidade e a explorar formas de se adaptar ao novo contexto, retomando a motivação e o interesse.

Reconhecer essas etapas é fundamental para líderes e gestores, pois permite que ofereçam o suporte emocional adequado em cada momento. Ao validar sentimentos e promover canais de diálogo, é possível reduzir a resistência, suavizar o impacto negativo da transição e acelerar o processo de aceitação, contribuindo para uma adaptação mais saudável e produtiva às mudanças.

Resistência à Mudança: Causas e Soluções

Se há algo garantido em todo processo de transformação organizacional é a resistência à mudança. Essa reação, tão humana quanto previsível, pode ser vista tanto em equipes quanto em líderes e, muitas vezes, é subestimada na implementação de projetos inovadores. Como aponta o livro "Quem Mexeu no Meu Queijo?" (Johnson, 2017), a maioria das pessoas prefere permanecer na zona de conforto do que se aventurar pelo desconhecido, mesmo quando a mudança é inevitável. O desafio do gestor, portanto, é compreender o que está por trás da resistência e transformar insegurança em engajamento.

Principais Causas da Resistência

Medo do desconhecido: As pessoas tendem a se apegar ao que conhecem. Mudanças geram incerteza, dúvidas sobre o futuro e ansiedade em relação ao próprio papel e à estabilidade no emprego. Estudos mostram que o medo do novo é uma das barreiras mais citadas em pesquisas sobre gestão da mudança.

Falta de comunicação: Ambientes onde a mudança é mal comunicada criam espaço para rumores, interpretações equivocadas e perda de confiança na liderança. Transparência e clareza são essenciais desde o início do processo.

Perda de *status* ou controle: A redistribuição de tarefas, adoção de novas tecnologias ou reestruturações podem ameaçar posições de influência, benefícios e até a autoestima dos colaboradores. Isso pode resultar em boicotes silenciosos ou abertos à mudança.

Experiências negativas anteriores: Fracassos em mudanças passadas deixam traumas e aumentam o ceticismo em relação a novas iniciativas.

Soluções: Como Mitigar a Resistência

Os líderes mais eficazes reconhecem que resistência não é obstáculo a ser eliminado, mas sinal de alerta para aprimorar processos e relações. Algumas estratégias comprovadas:

- **Envolvimento e participação:** Quando colaboradores participam das discussões e decisões sobre a mudança, sentem-se mais respeitados, ouvidos e propensos a apoiar a transformação. O envolvimento direto é fator crítico de sucesso.
- **Treinamento e desenvolvimento:** Investir em capacitação reduz o medo do desconhecido, aumenta a confiança e desenvolve novas competências necessárias para a transição.
- **Escuta ativa e empatia:** Promover espaços para ouvir dúvidas, críticas e sugestões genuinamente fortalece o vínculo de confiança entre líderes e equipes. A escuta ativa permite identificar objeções legítimas e adaptar estratégias.
- **Comunicação transparente e contínua:** Reforce sempre os motivos, benefícios, etapas e resultados esperados da mudança. Use múltiplos canais e linguagens acessíveis.
- **Reconhecimento e apoio:** Valorize conquistas, celebre pequenas vitórias e ofereça suporte aos que mais sentem o impacto da mudança. Isso reforça comportamentos positivos e acelera a aceitação.

A resistência à mudança é um convite à liderança empática e estratégica. O sucesso está em perceber rapidamente as mudanças, adaptar-se de forma flexível e influenciar positivamente os outros. Em última análise, "*o problema não é a mudança. É a forma como ela é apresentada.*" A mudança bem comunicada, conduzida com respeito e participação, transforma medo em oportunidade e resistência em progresso.

DICA: Leia o clássico livro "Quem Mexeu no Meu Queijo?", de Spencer Johnson (2017), é um clássico da literatura sobre mudanças. A obra, contada de forma simples e metafórica, mostra como diferentes perfis reagem a transformações inesperadas no ambiente pessoal ou profissional. Leitura rápida e leve, oferece valiosas lições sobre adaptação e resiliência.

Implementação de Mudanças

A verdadeira eficácia de um processo de mudança está muito além do planejamento: ela reside na execução disciplinada, apoiada por comunicação estratégica, engajamento das pessoas e reforço contínuo. Mudar pode até ser relativamente fácil; o verdadeiro segredo está em manter as conquistas e transformar novos comportamentos em hábitos duradouros. Para isso, disciplina, perseverança e liderança ativa são fundamentais para traduzir planos em resultados concretos.

Comunicação Estratégica e Mobilização: promover uma comunicação clara, transparente e consistente sobre o que irá mudar, por que, quando e como. Uma comunicação estratégica mobiliza líderes formais e informais, envolve todos os níveis da organização e reduz ruídos e especulações. Canais abertos de *feedback* e atualização constante das equipes são fundamentais para manter o alinhamento e o engajamento ao longo do percurso. A mudança bem-sucedida é aquela que se torna cultura da organização.

Plano de Ação com Indicadores: Para que qualquer mudança seja bem-sucedida, é fundamental um plano de ação detalhado. Esse plano deve definir etapas claras, designar responsáveis, estabelecer prazos realistas e, crucialmente, selecionar indicadores de acompanhamento (KPIs). Os indicadores mais eficazes seguem o modelo SMART, sendo específicos, mensuráveis, atingíveis, relevantes e temporais.

Veja um exemplo de como um indicador pode ser construído de forma consistente com o modelo SMART para o projeto de digitalização de processos:

Exemplo de Indicador utilizando a técnica SMART

Objetivo inicial: Melhorar a eficiência do atendimento ao cliente.

- **Específico (*Specific*):** Reduzir o tempo médio para a *primeira resposta* em chamados de suporte técnico abertos por e-mail.
- **Mensurável (*Measurable*):** Diminuir o tempo de resposta de 24 horas para, no máximo, 4 horas úteis. Isso representa uma redução de 83%.
- **Atingível (*Achievable*):** Será alcançado por meio da implementação do novo *software* de CRM, que automatiza a criação e atribuição de *tickets*, e do treinamento da equipe para usar os novos templates de resposta.
- **Relevante (*Relevant*):** A redução do tempo de espera é um fator crítico para aumentar os índices de satisfação do cliente (CSAT) e melhorar a percepção de qualidade do nosso serviço.
- **Temporal (*Time-bound*):** A meta deve ser alcançada até o final do segundo trimestre (21 de junho de 2025).
- **Objetivo com SMART:** *Reduzir o tempo médio da primeira resposta nos chamados de suporte via e-mail de 24h para 4h úteis até 21 de junho de 2025, a fim de elevar a satisfação do cliente.*

Acompanhamento e Reforço: A consolidação da mudança requer o monitoramento sistemático e a disposição para ajustes contínuos. Reuniões periódicas, análise de resultados intermediários e abertura para revisões garantem o avanço sustentável. O reforço positivo (reconhecimento de conquistas, divulgação de histórias de sucesso e suporte aos que enfrentam dificuldades) é uma poderosa ferramenta de consolidação cultural.

Celebrar Pequenas Vitórias: Valorizar e comemorar cada etapa conquistada gera senso de progresso, alimenta a motivação e mantém o time engajado. Como destaca Kotter (2017), celebrar ganhos intermediários é crucial para evitar a "fadiga da mudança" e construir confiança coletiva.

Quando práticas inovadoras deixam de ser vistas como iniciativas temporárias e passam a integrar o dia a dia da organização, a mudança deixa de ser evento e passa a ser essência. Nessa jornada, a disciplina do processo é o verdadeiro diferencial para garantir que o investimento feito gere resultados consistentes e duradouros.

Mudar é só o começo; é a disciplina e a constância que transformam o novo em cultura.

Desafios e Tendências na Gestão de Pessoas

Em um cenário organizacional cada vez mais dinâmico, tecnológico e orientado por valores sociais e ambientais, a gestão de pessoas enfrenta novos e complexos desafios. As transformações no mundo do trabalho exigem das organizações uma abordagem mais estratégica, humana e adaptativa, capaz de lidar com questões como diversidade, bem-estar, desenvolvimento de competências e engajamento em ambientes híbridos e digitais. Este capítulo explora as principais tendências que estão moldando o futuro da gestão de pessoas, bem como os obstáculos que líderes e profissionais da área precisam superar para promover ambientes organizacionais mais inclusivos, inovadores e sustentáveis.

Diversidade e Inclusão no Ambiente de Trabalho

A promoção da diversidade e da inclusão no ambiente de trabalho tem se consolidado como uma prioridade estratégica para organizações que buscam inovação, sustentabilidade e responsabilidade social. Diversidade refere-se à presença de diferentes perfis, identidades e experiências entre os colaboradores, incluindo gênero, raça, etnia, orientação sexual, idade, deficiência, entre outros, enquanto inclusão diz respeito à criação de um ambiente onde todas essas pessoas se sintam respeitadas, valorizadas e com oportunidades equitativas de participação e crescimento (Ponte e Barros Neto, 2023).

Empresas que investem em diversidade e inclusão colhem benefícios significativos, como maior criatividade, melhor tomada de decisão, fortalecimento da reputação institucional e maior capacidade de atrair e reter talentos. Estudos demonstram que equipes diversas tendem a apresentar melhor desempenho, especialmente quando operam em ambientes inclusivos, onde há segurança psicológica e respeito mútuo.

Contudo, promover a diversidade vai além da contratação de perfis variados. É necessário implementar políticas e práticas que combatam preconceitos estruturais, promovam equidade e garantam acessibilidade e representatividade em todos os níveis da organização. Isso inclui ações como treinamentos de sensibilização, revisão de processos seletivos, programas de mentoria, comitês de diversidade e métricas de acompanhamento.

No contexto da Administração 5.0, que integra tecnologia, humanização e sustentabilidade, a diversidade e a inclusão tornam-se ainda mais relevantes. Organizações que desejam se manter competitivas e socialmente responsáveis precisam reconhecer a pluralidade como um ativo estratégico e cultivar culturas organizacionais que celebrem as diferenças como fonte de aprendizado e inovação.

Bem-estar e Qualidade de Vida dos Colaboradores

O bem-estar e a qualidade de vida dos colaboradores tornaram-se dimensões centrais na gestão de pessoas contemporânea. Em um ambiente organizacional cada vez mais exigente e dinâmico, cuidar da saúde física, emocional, social e financeira dos profissionais não é apenas uma questão ética, mas também estratégica. Colaboradores saudáveis, equilibrados e satisfeitos tendem a apresentar maior engajamento, produtividade e lealdade à organização.

O conceito de bem-estar no trabalho vai além da ausência de doenças ou desconfortos. Ele envolve a criação de condições que favoreçam o equilíbrio entre vida pessoal e profissional, o reconhecimento do esforço individual, a promoção de ambientes seguros e acolhedores, e o acesso a recursos que apoiem o desenvolvimento integral do ser humano. Isso inclui desde programas de saúde mental e física até políticas de flexibilidade, apoio financeiro e incentivo à convivência social (Nascimento e Barros Neto, 2020).

Investir no bem-estar e na qualidade de vida dos colaboradores é, portanto, uma forma de fortalecer a cultura organizacional, reduzir custos com rotatividade e afastamentos e construir uma marca empregadora mais atrativa e sustentável.

Gestão de Talentos e Desenvolvimento de Competências

A gestão de talentos e o desenvolvimento de competências tornaram-se pilares estratégicos para organizações que desejam se manter competitivas em um ambiente de negócios em constante transformação. Mais do que atrair profissionais qualificados, é essencial criar condições para que esses talentos se desenvolvam, se sintam valorizados e contribuam de forma significativa para os objetivos organizacionais (Barros Neto, 2019).

A gestão de talentos envolve identificar, reter e potencializar pessoas com alto desempenho e alto potencial, alinhando suas aspirações individuais às necessidades da organização. Já o desenvolvimento de competências refere-se ao processo contínuo de aprimoramento de conhecimentos, habilidades e atitudes (os chamados CHAs) que são essenciais para o desempenho eficaz no trabalho (Silva e Barros Neto, 2024).

No contexto da Administração 5.0, o foco está em competências que combinam domínio técnico com inteligência emocional, pensamento crítico, adaptabilidade e capacidade de inovação. Isso exige das organizações uma abordagem mais personalizada e dinâmica, com trilhas de aprendizagem flexíveis, programas de desenvolvimento individuais (PDI) e o uso de tecnologias educacionais para promover o aprendizado contínuo.

Investir na gestão de talentos e no desenvolvimento de competências é, portanto, uma forma de preparar a organização para os desafios do futuro, fortalecer sua cultura e garantir a sustentabilidade de seus resultados.

Tendências Emergentes na Gestão de Pessoas

A gestão de pessoas está passando por uma transformação profunda impulsionada por mudanças tecnológicas, sociais e econômicas. No contexto da chamada Administração 5.0, que integra inovação digital com humanização e sustentabilidade, surgem novas tendências que desafiam os modelos tradicionais e exigem das organizações uma abordagem mais ágil, empática e estratégica (Santos e Cruz, 2019).

Uma das principais tendências é a personalização da experiência do colaborador. Inspirada no conceito de *employee experience*, essa abordagem busca compreender e atender às necessidades individuais dos profissionais ao longo de toda a sua jornada na organização, desde o recrutamento até o desligamento. Isso inclui práticas como benefícios flexíveis, trilhas de desenvolvimento personalizadas e ambientes de trabalho híbridos (Madruga, 2021).

Outra tendência relevante é o uso de tecnologias baseadas em dados e inteligência artificial para apoiar decisões de gestão de pessoas. Ferramentas de *people analytics*, por exemplo, permitem identificar padrões de comportamento, prever riscos de rotatividade e avaliar o impacto de políticas internas com maior precisão. No entanto, o uso ético e transparente dessas tecnologias é essencial para garantir a confiança dos colaboradores (Barros Neto e Cruz, 2020).

A gestão da diversidade geracional também ganha destaque, especialmente com a convivência simultânea de diferentes gerações no ambiente de trabalho. Cada grupo traz expectativas, estilos de comunicação e valores distintos, o que exige uma liderança sensível e adaptativa, capaz de promover integração e aprendizado mútuo (Gendra e Barros Neto, 2025).

Além disso, cresce a valorização de práticas voltadas ao capital humano sustentável, que consideram o bem-estar de longo prazo dos colaboradores, o equilíbrio entre vida pessoal e profissional e o impacto social das ações organizacionais. Isso se conecta diretamente com os princípios ESG (ambiental, social e governança), que vêm sendo incorporados às estratégias de gestão de pessoas em empresas comprometidas com responsabilidade corporativa.

Destacamos a liderança inclusiva e empática como competência-chave para o futuro. Líderes que sabem ouvir, acolher e inspirar são cada vez mais valorizados em contextos de incerteza e transformação. Eles são os principais agentes de cultura e desempenham papel decisivo na construção de ambientes de confiança, inovação e pertencimento.

Essas tendências apontam para uma gestão de pessoas mais centrada no ser humano, orientada por dados, sensível à diversidade e comprometida com o desenvolvimento sustentável. Organizações que souberem integrar essas dimensões estarão mais preparadas para enfrentar os desafios do futuro do trabalho.

Considerações finais

A gestão de pessoas, como demonstrado ao longo deste capítulo, é muito mais do que um conjunto de práticas administrativas: trata-se de uma dimensão estratégica, humana e cultural que influencia diretamente o desempenho, a inovação e a sustentabilidade das organizações.

Em um mundo marcado por transformações aceleradas, tecnologias emergentes e novas expectativas sociais, compreender e integrar elementos como cultura organizacional, comportamento humano, processos de mudança e tendências contemporâneas tornou-se essencial para líderes e profissionais da área.

A cultura organizacional revelou-se como o alicerce invisível que sustenta as decisões, os relacionamentos e os resultados. Quando bem gerida, ela promove pertencimento, engajamento e alinhamento estratégico.

O comportamento organizacional, por sua vez, mostrou-se como a expressão prática dessa cultura, manifestando-se nas atitudes, motivações e interações cotidianas dos colaboradores. Já o processo de mudanças, inevitável e necessário, exige sensibilidade, planejamento e liderança para ser conduzido com sucesso.

Por fim, os desafios e tendências atuais, como diversidade, bem-estar, desenvolvimento de competências e uso de tecnologias etc. apontam para uma gestão de pessoas mais centrada no ser humano, orientada por dados e comprometida com a construção de ambientes organizacionais mais justos, saudáveis e inovadores.

Ao integrar teoria, prática e exemplos reais, como o caso da FuturaTech e do Grupo Gazin, este capítulo reforça que o verdadeiro diferencial competitivo das organizações está nas pessoas e na forma como elas são vistas, valorizadas e desenvolvidas. O futuro da Administração será, cada vez mais, o futuro da gestão de pessoas.

Por fim, ao concluirmos este capítulo celebramos o marco histórico dos 60 anos da profissão de Administrador no Brasil, uma data simbólica e muito significativa que reforça a importância da Administração como ciência e prática essencial para o desenvolvimento das organizações e da sociedade. Ao longo dessas seis décadas, a gestão de pessoas consolidou-se como um dos pilares mais relevantes da atuação do administrador, sendo hoje um campo que exige sensibilidade humana, visão estratégica e compromisso com a transformação.

Discussão

Quais aprendizados sobre gestão de pessoas deste capítulo você considera indispensáveis para o futuro das organizações – e como pretende aplicar isso na sua prática profissional ou pessoal?

Estudo de caso: A Revolução Silenciosa da FuturaTech: Quando a Transformação Começa com Pessoas

Imagine uma empresa de tecnologia nascida no auge dos anos 2000. Fundada por engenheiros apaixonados por inovação, a FuturaTech cresceu rápido, tornando-se referência técnica em seu segmento. Com 400 colaboradores, era o tipo de empresa onde todos falavam de código, sistemas e entregas, mas quase nunca sobre pessoas, sentimentos ou propósito.

Nos últimos anos, no entanto, a FuturaTech começou a enfrentar um cenário incômodo e cada vez mais comum em empresas de crescimento acelerado:

- O *turnover* disparou para mais de 45% ao ano. Talentos entravam, saíam e deixavam um rastro de incertezas.
- As equipes estavam desmotivadas, faltando mais ao trabalho, engajando menos, e a sensação de "apenas cumprir tabela" pairava no ar.
- Surgiu uma resistência generalizada à transformação digital, mesmo com a chegada de IA, automação e novos modelos de trabalho.
- As reclamações sobre clima organizacional e comunicação interna eram frequentes – corredores antes animados se tornaram lugares de conversas sussurradas e desconforto.
- Diversidade e inovação pareciam palavras distantes da realidade.
- E, para fechar, o modelo de liderança centralizadora impedia qualquer autonomia real dos times.

Um diagnóstico interno confirmou o que todos já sentiam, mas poucos tinham coragem de falar: a cultura organizacional da FuturaTech estava travada no passado. Era rígida, avessa ao erro, com líderes autocráticos, comunicação formal (e distante), pouco reconhecimento, baixo investimento em bem-estar e uma tremenda dificuldade de acompanhar a velocidade do mercado.

Hora de Mudar, o RH entra em Cena: Foi nesse momento que uma consultoria de RH foi acionada e, em parceria com o setor de Recursos Humanos e com o apoio da alta liderança, realizou um diagnóstico profundo, com escuta ativa e sem julgamentos. Foram aplicadas pesquisas de clima e engajamento, mapeamento de perfis comportamentais com ferramenta SySPersona, entrevistas estruturadas, análise de indicadores como absenteísmo, *turnover* e produtividade, além de grupos focais. O resultado foi um verdadeiro raio X da organização: mais do que ajustes em processos, a empresa precisava de uma nova cultura mais aberta, empática e corajosa. O RH compreendeu que a transformação não passava apenas por números, mas, principalmente, por pessoas.

Virada de Chave: Plano do RH foi ousado, mas humano em cada detalhe

Cultura Organizacional: Redefinição dos valores da empresa, colocando inovação, diversidade e aprendizado contínuo no centro. Campanhas de *endomarketing* e *workshops* com exemplos reais de cultura positiva.

Comportamento Organizacional: Treinamento de líderes em comunicação assertiva, *feedback* e gestão de conflitos. Avaliações 360° e programas de *coaching*, promovendo um olhar mais empático e inspirador para as lideranças. Recrutamento e Seleção usando perfil comportamental.

Gestão da Mudança: Comunicação clara e constante sobre a transformação digital. Criação de equipes multidisciplinares para projetos de inovação – envolvendo de verdade todos os colaboradores. Treinamentos práticos em ferramentas de IA e robótica.

Desafios e Tendências em Gestão de Pessoas: Programa de diversidade e inclusão com metas claras e campanhas educativas. Parcerias com *startups* de saúde e bem-estar, incluindo iniciativas de saúde mental, academia, e flexibilidade na jornada. Desenvolvimento de competências digitais e comportamentais. Adoção de *pulse surveys* para medir engajamento em tempo real.

Os Resultados: Dezoito meses depois, a transformação é visível:

- O *turnover* caiu para 15%. O eNPS disparou de 43 para 70 pontos.
- Pesquisas internas apontam engajamento recorde.
- O quadro de colaboradores ficou mais diverso, com 30% a mais de mulheres, PCDs e grupos minorizados.
- O clima melhorou, a criatividade floresceu, e times autogeridos começaram a entregar projetos inovadores – como um *chatbot* inteligente premiado no setor.
- A liderança, antes vista como fechada e centralizadora, agora é reconhecida por ser aberta, assertiva e inspiradora.

A história da FuturaTech mostra, na prática, que empresas só transformam resultados de verdade quando colocam gente no centro da estratégia. O papel do RH vai além do operacional: é agente de cultura, inovação e desenvolvimento humano. Organizações que investem em cultura, comunicação, liderança e bem-estar não apenas acompanham o mercado, elas se tornam protagonistas do próprio futuro.

Referências

Awad E. Cultura organizacional Gazin: missão, visão e valores focados em pessoas.

Barueri: Novo Século; 2022.

Barros Neto JP de. Gestão por competências. 1ª ed. Curitiba: IESDE – Inteligência Educacional e Sistemas de Ensino; 2019.

Barros Neto JP de; Cruz MTS (Orgs.). Impactos da inteligência artificial na gestão de pessoas. São Paulo: Tiki Books; 2020.

Barros Neto JP de, Tanabe GA. Relaciones interculturales en las empresas: un estudio exploratorio desde la perspectiva de los empleados. Revista ARACÊ. 2025;7(2):5535-53.

Burlamaqui L. A cor da cultura organizacional: a história de uma fantástica jornada de transformação humana e empresarial. São Paulo: Editora Merope; 2021.

Carvalho JBB de, Boonstra J (Orgs.). Liderança e cultura organizacional para inovação. São Paulo: Saraiva Uni; 2018.

Chiavenato I. Gestão de pessoas: o novo papel dos recursos humanos nas organizações. 4ª ed. Rio de Janeiro: Elsevier; 2014.

Fórum Econômico Mundial. The Future of Jobs Report 2023. Disponível em: https://www.weforum.org/reports/the-future-of-jobs-report-2023/. Acesso em: 3 jun. 2025.

Freitas ME de. Cultura organizacional: identidade, sedução e carisma? Rio de Janeiro: FGV; 2006.

Gendra LR, Barros Neto JP de. Empreendedorismo na geração Z: análise das competências de estudantes de administração. In: Catapan A (Org.). Current practices and strategies. Curitiba: Editora Studies Publicações; 2025. p. 186-209.

Goleman D. Liderança: a inteligência emocional na formação do líder de sucesso. Rio de Janeiro: Elsevier; 2000.

Handy CB. Gods of management: the four cultures of leadership. London: Profile Books; 2020.

Hiatt J. ADKAR: A model for change in business, government and our community. Loveland: Prosci; 2006.

Holmes Report. The Cost of Poor Communications. 2011. Disponível em: https://www.holmesreport.com/long-reads/article/the-cost-of-poor-communications. Acesso em: 3 jun. 2025.

Johann SL. Gestão da cultura corporativa: como as organizações de alto desempenho gerenciam sua cultura organizacional. São Paulo: Saraiva Uni; 2012.

Johnson S. Quem mexeu no meu queijo? 27ª ed. Rio de Janeiro: Record; 2017.

Kotter JP. Liderando mudanças: transformando empresas com a força das emoções. São Paulo: Alta Books; 2017.

Madruga R. Employee experience, gestão de pessoas e cultura organizacional. São Paulo: GEN Atlas; 2021.

Marchiori M (Comp.). Estudos organizacionais em interface com cultura. São Paulo: Difusão Editora; 2013.

Maslow AH. Motivação e personalidade. 3ª ed. Porto Alegre: Artmed; 2010.

Matteu D. Desenvolva as competências do líder coach com a roda da liderança Coaching. In: Sita M, Percia A. Manual completo de coaching. São Paulo: Ser Mais; 2011.

Matteu D. Soft skills, liderança e equipes de alta performance. In: Covas T, Matteu D (Org.). Manual completo de gestão para formação de tecnólogos: conceitos e práticas. São Paulo: Atlas; 2019. p. 35-43.

Nascimento M, Barros Neto JP de. Meditação: impactos positivos no clima organizacional segundo a percepção dos praticantes. In: Silva CRM da (Org.). Gestão de pessoas e relações de trabalho. Ponta Grossa: Atena; 2020. p. 40-54.

Perez FC, Cobra M. Cultura organizacional e gestão estratégica: a cultura como recurso estratégico. São Paulo: GEN Atlas; 2016.

Ponte BN, Barros Neto JP de. Inclusão feminina na cadeia de suprimento (supply chain): um estudo de caso sobre diversidade de gênero. In: Revista Foco – Interdisciplinary Studies. Vol. 16. n. 2 e925. Curitiba: Foco Publicações Ltda.; 2023. p. 1-19.

Reis Neto A dos (Org.). Cultura organizacional de resultados: casos brasileiros. Rio de Janeiro: Qualitymark; 2019.

Robbins SP, Judge TA. Comportamento organizacional. 16ª ed. São Paulo: Pearson; 2020.

Rosenberg MB. Comunicação não violenta: técnicas para aprimorar relacionamentos pessoais e profissionais. 2ª ed. São Paulo: Ágora; 2006.

Russo GM. Diagnóstico da cultura organizacional: o impacto dos valores organizacionais no desempenho das terceirizações. Rio de Janeiro: Alta Books; 2018.

Santos EAP dos, Cruz MTS (Orgs.). Gestão de pessoas no século XXI: desafios e tendências para além de modismos. São Paulo: Tiki Books; PUC SP; 2019.

Santos NMBF. Cultura organizacional e desempenho: pesquisa, teoria e aplicação. São Paulo: Saint Paul; 2021.

Schein EH. Cultura organizacional e liderança. São Paulo: Atlas; 2009.

Schein EH, Schein P. Cultura organizacional e liderança. São Paulo: GEN Atlas; 2022.

Souza CPS. Cultura e clima organizacional: compreendendo a essência das organizações. Curitiba: InterSaberes; 2014.

Capítulo IV

PERSPECTIVAS CONTEMPORÂNEAS DA ADMINISTRAÇÃO: desafios na busca da excelência organizacional

- Antonio Vico Mañas
- Walter Shuiti Kussano

Objetivos

Neste capítulo serão abordados os principais desafios enfrentados pelas organizações na busca pela excelência, considerando as transformações tecnológicas, sociais e econômicas. E promover-se-á a reflexão sobre o papel do Administrador na construção de organizações tecnológicas, sustentáveis, inovadoras e principalmente humanas.

Introdução

Um mundo onde não existissem organizações parece pouco provável ou tampouco fácil de se imaginar ou descrever. Pois, estamos envolvidos em muitos tipos de organizações, onde temos aquelas que prestam serviços ao público em geral, como do governo federal, estadual e municipal, os hospitais, as instituições de ensino, as cooperativas, as associações de bairro, os clubes esportivos, indústrias, comércio e até mesmo os indivíduos que se tornam uma empresa prestando serviços em geral.

O campo da Administração passou por profundas transformações, impulsionadas por mudanças trazidas pela globalização, pela evolução tecnológica, pelas mudanças sociais e a preocupação com o meio ambiente. Desde que a Lei nº 4.769/1965, de 9 de setembro de 1965, que marcou o início da regulamentação da profissão do Administrador no Brasil, foi aprovada, vivenciamos isto, de forma mais acelerada, também por aqui.

O mundo e a ciência da administração vêm evoluindo dentro de um constante processo de transformação, conforme a figura IV.1, que apresenta um quadro evolutivo do cenário mundial e as práticas de gestão nas organizações, que destaca fatos e autores que marcaram a evolução dos tempos no mundo das organizações e na teoria da administração no pós-Segunda Guerra Mundial, onde o espírito de aprimoramento vem motivado pela intenção de se realizar uma entrega melhor, por meio da utilização dos recursos físicos, virtuais e humanos da melhor maneira. Atualmente, a atenção com o meio ambiente devido as profundas mudanças climáticas, evidenciadas por chuvas além do esperado, resultando em inundações ou o calor excessivo devido ao aquecimento global, entre outras situações inusitadas desafiam os profissionais da administração a refletirem sobre o mundo que se deseja deixar para as próximas gerações.

No período pós-guerra, práticas implementadas e estudos realizados para tornar os funcionários mais produtivos, não pela imposição ou análise de processos, mas por meio de entendimentos sobre o que os faria entregar

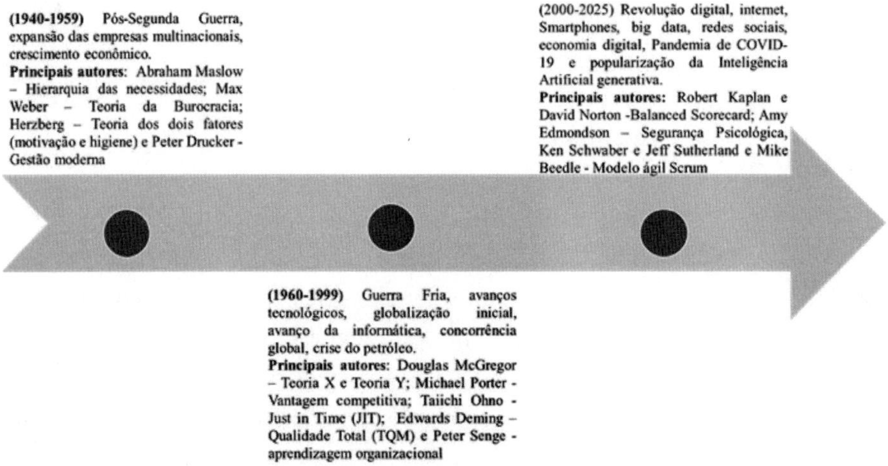

FIGURA IV.1 – Quadro evolutivo do cenário mundial e as práticas de gestão nas organizações. Fonte: Elaborada pelos autores.

maiores e melhores resultados, a pirâmide de Maslow proporcionou aos gestores um modelo para, por meio dele, implementar ações para torná-los mais motivados e engajados em suas tarefas e na organização. Ressalve-se que essa pirâmide é uma entre tantos estudos que provocaram reflexão e trouxeram mudanças.

O desafio de uma produtividade maior nas linhas de produção permaneceu no foco das atenções dos líderes das indústrias, onde, além de uma linha de produção em que o estoque de matéria-prima foi reduzido, a qualidade passou a ser um fator mandatório e as organizações compreenderam a importância de manter o aprendizado obtido, seja por meio de manuais ou procedimentos internos.

Dentro da gestão da qualidade, o objetivo principal passou a ser a superação e as expectativas dos clientes, como no caso de empresas onde realizamos compras *on-line* e no dia seguinte já entregam o produto adquirido, mesmo com a previsão para três dias úteis. Entretanto, a escassez de recursos pode ser um fator que torne desafiadora a execução de ações para a satisfação dos clientes.

Um pensamento organizacional voltado à melhoria contínua pode vir a contribuir para a eficiência operacional e inovação contínua.

Ao pensarmos em melhoria contínua, questiona-se de que maneira isso pode ser praticado, o que pode ser feito para que saia do planejamento do papel ou da cabeça de líderes envolvidos ou de técnicos e interessados diversos e se torne uma realidade?

O comprometimento da liderança é importante para a disseminação das práticas de melhoria contínua por meio de comunicação efetiva e, uma etapa considerada importante, é a tolerância às falhas e erros, pois o ato de errar incomoda, os erros acontecem e vistos como inevitáveis no trabalho humano e, portanto, a aprendizagem organizacional a partir de erros deveria ser implementada como uma prática para o desenvolvimento dos indivíduos na organização, por meio de um ambiente de cooperação, na busca para a solução de problemas que, por sua vez, permite que os membros e líderes da equipe discutam erros e aprendam com eles (Edmondson e Lei, 2014, p. 31).

Durante as últimas décadas, empresas com grandes estruturas, imponentes com as suas marcas, que representavam poder e crescimento, com um número elevado de funcionários deixaram de existir ou foram incorporadas.

Os funcionários que quase não conviveram com seus pais que dedicaram suas vidas ao trabalho, na vida adulta passaram a ter outros objetivos além das suas carreiras corporativas, passaram a trabalhar de forma remota, comparecendo nos escritórios e em outras atividades ocasionalmente ou em alguns dias da semana. Hoje, há prestadores de serviços que conseguem transmitir diariamente para o seu público de atuação informações constantes das suas realizações, das suas tarefas e responsabilidades.

Profissionais podem realizar reuniões com múltiplos profissionais espalhados pelo mundo pelo avanço da internet e principalmente nos dias de hoje é possível consolidar informações, estruturar dados dos mais diversos possíveis, criar imagens e vídeos e muitas outras ações, por meio da utilização da inteligência artificial. Em alguns lugares do mundo já é possível ter robôs fazendo entregas, a limpeza ou até mesmo realizando atividades na construção civil.

O mundo está mudando. Atividades manuais estão sendo atribuídas para as máquinas que, ao automatizarem essas tarefas, liberam o ser humano de trabalhos repetitivos.

As reuniões são virtuais, as pessoas podem trabalhar e entregar resultados e não necessariamente de dentro dos ambientes que antes se consideravam produtivos, o *home office* uma prática atual, veio para que a forma de trabalhar pudesse ser reajustada em um momento crítico, que foi a pandemia do coronavírus em 2020/2021. Mas passado esse cenário crítico, apesar do avanço tecnológico e das inúmeras possibilidades de conexão que estão à disposição, nos parece que, ironicamente, está faltando conexão entre as pessoas. As organizações, por meio das decisões dos seus executivos, buscam solucionar essa "distância" retomando o caminho do trabalho "presencial".

Neste contexto, a busca pela excelência organizacional tornou-se uma meta estratégica diante da complexidade crescente do ambiente de negócios.

Este capítulo propõe uma reflexão sobre as perspectivas contemporâneas da Administração, analisando os desafios enfrentados pelos gestores na construção de organizações mais eficazes, éticas, e inovadoras, inserindo a reflexão do papel do administrador dentro deste contexto para o alcance da excelência organizacional.

Não nos propomos a trazer as respostas verdadeiras, únicas e absolutas, contudo, destacaremos cenários, práticas e comportamentos valorizados.

Seção 1 – Excelência Organizacional: Evolução Conceitual e Relevância Estratégica

A excelência organizacional, que deixou de ser apenas um diferencial competitivo para se tornar uma necessidade estratégica em um ambiente de complexidade dinâmica no qual estamos inseridos, proporciona às organizações de maneira geral e especificamente às empresas que sejam destaque no mercado de atuação, oferecendo produtos e serviços de alta qualidade, com maior agilidade, confiabilidade e flexibilidade para os seus clientes.

No passado, para que pudéssemos utilizar o serviço de táxi, precisávamos "andar" até um ponto de táxi, como evolução, passamos a poder "ligar" para o serviço de táxi e solicitar o serviço, e ficávamos aguardando, em algumas situações, por muito tempo, até a chegada do veículo.

Atualmente, a solicitação de um serviço como esse é possível utilizando os nossos *smartphones* por meio do qual podemos saber antecipadamente o valor da corrida, o tempo de espera até a chegada do veículo, o horário previsto até o destino que desejamos ir e, até mesmo, escolher o tipo de veículo que pode tornar a viagem mais agradável, bem como o caminho alternativo mais conveniente. Ao final da viagem, caso algum problema tenha ocorrido é possível reportá-lo e inclusive solicitar um ressarcimento caso necessário.

O serviço de transporte individual de passageiros em veículos proporciona atualmente a chance de o cliente poder decidir as melhores condições para a sua viagem, dentro dos seus padrões. A empresa idealizadora das melhorias no serviço colhe os frutos da inovação proporcionada aos usuários. O valor percebido pelo cliente fez com que serviços oferecidos no passado fossem trocados, forçando que a concorrência passasse a buscar uma "atualização" na sua forma de trabalhar para que pudesse se manter competitiva no mercado.

Um outro exemplo é o ato de se comer uma pizza no final de semana, tarefa que fazia com que os consumidores acumulassem em suas residências panfletos e ímãs de geladeira com os contatos das suas pizzarias favoritas, mas hoje é possível solicitar pizzas e outros tipos de comida por um aplicativo, com opções de preços, prazos de entrega e avaliações feitas por clientes que já consumiram o produto. E apenas foram citados exemplos simples e relativamente fáceis de serem executados.

Com o avanço da tecnologia e com a internet, podemos conversar com pessoas que estão distantes de nós, podemos postar fotos quase em tempo real. No passado, tiraríamos as fotos e em muitos momentos esperaríamos o filme ficar completo para revelar, para depois contemplarmos a qualidade do resultado da nossa foto. Hoje podemos tirar uma foto e outra em seguida, caso a primeira não tenha ficado do jeito que gostaríamos.

O mundo das organizações é cercado por um cenário que se transforma de maneira contínua e ainda mais rápida na pós-pandemia, em que a incerteza e a complexidade dinâmica evidenciam como as organizações são afetadas por eventos inesperados, como a pandemia da Covid-19, o caos ocasionado por qualquer evento não previamente programado evidencia como a complexidade do mundo poderá não permitir que as organizações consigam controlar os eventos futuros, fazendo com que o ambiente corporativo seja cada vez mais ansioso.

Mas o que seria a excelência organizacional? Disseminar os princípios de melhoria constante no sistema de produto, no atendimento do cliente antes e depois da venda, ouvir as considerações dos clientes, aprender com falhas e erros e não punir os funcionários pela sua ocorrência.

A excelência organizacional não é uma condição final, mas uma jornada que faz parte de um processo contínuo. Nesta seção há uma visão integrada de excelência, que se baseará em indicadores de desempenho como estado final, mas uma jornada contínua, e não estamos tratando apenas de indicadores de desempenho.

Esta seção propõe uma visão integrada da excelência, considerando não apenas indicadores de desempenho, mas, conforme a figura IV.2, destaca o papel da liderança na condução e gerenciamento do ambiente organizacional, que necessita de uma comunicação alinhada entre as equipes, a atenção nas necessidades dos clientes internos e externos, a tolerância a erros, que contribui para um ambiente de aprendizagem, proporcionando um desenvolvimento dos indivíduos e das equipes, além do pensamento sustentável, com atenção nos impactos éticos e sociais das decisões organizacionais, nas iniciativas baseadas em ESG (*Environmental, Social and Governance*), responsabilidade social corporativa e, claro, a inovação aberta, destacadas como práticas fundamentais para organizações que desejam se manter relevantes e legítimas perante seus públicos.

Na busca pela excelência organizacional os administradores se valem de diversas práticas para que os resultados sejam cada vez melhores. Utilizam-se da sua experiência acumulada, da sua rede de relacionamentos para compar-

FIGURA IV.2 – Visão integrada da excelência organizacional. Fonte: Elaborada pelos autores.

tilhar ideias e identificar soluções para os problemas semelhantes que outros colegas passaram. Atualmente se valem das ferramentas de inteligência artificial generativa, que ainda gera muitas incertezas em sua utilização. E tem-se, no entanto, a certeza de que será rapidamente vencida.

O ambiente de incerteza é promovido pela sensação de não ter controle sobre os cenários que podem ocorrer no trabalho, mas não há como se ter o controle. Porém, a necessidade de controle é inerente à natureza humana e, em situações de incerteza, as pessoas querem obter controle sobre todas as coisas possíveis e aumentar a possibilidade de sucesso. Trata-se do otimismo excessivo de acreditar equivocadamente na capacidade de influenciar o resultado, mesmo quando isso não é possível.

No processo de comunicação interna, é preciso destacar os objetivos a serem alcançados, os comportamentos valorizados pela empresa na condução das atividades, o que não é aceitável e tolerável, promover encontros de *feedback* para que os indivíduos saibam em quais pontos estão indo bem e no que devem buscar um aprimoramento, ponto inicial para que encontrem a sua trilha de desenvolvimento individual. É desconfortável para o trabalhador, como para as pessoas de maneira geral, quando não se sabe onde deve melhorar, quais os pontos onde falhou e qual a percepção da liderança sobre o seu desempenho.

Uma outra prática importante com foco no aumento do desempenho no trabalho é o de fomentar as trilhas de treinamentos e desenvolvimento, que exercem um papel fundamental no aprimoramento do conhecimento, das habilidades e das competências dos colaboradores, contribuindo diretamente para o aumento do desempenho no trabalho. Mas até que ponto está a cargo apenas da organização de promover os treinamentos para os indivíduos?

Cada trabalhador também é responsável pelo seu desenvolvimento, cabe à organização realizar as principais capacitações, entretanto é de responsabilidade dos colaboradores a busca pelo aprendizado de novas competências, sejam elas técnicas ou comportamentais. À sociedade de maneira ampla informar, formar e melhorar o nível de conhecimento. Com o avanço da tecnologia, diversos canais oferecem capacitações inclusive gratuitas para aqueles que desejam adquirir alguns conhecimentos específicos, sem contar os cursos normais, entre eles os técnicos, as graduações em nível médio e superior, os de especialização, pós-graduação que são ótimas opções para o aprimoramento profissional e a evolução humana e na carreira.

A exploração dos recursos naturais resultou em uma degradação ecológica preocupante e os administradores são agentes-chave na conciliação entre crescimento econômico e preservação ecológica. Encarar o dilema entre a lucratividade e a responsabilidade ambiental em atividades industriais e extrativas, altamente poluentes, e aprimorar o processo da inovação verde passou a ser um desfio para alcançar o desenvolvimento sustentável. O avanço em processos de reciclagem de material, a busca pela eficiência energética, além de novas fontes de energia, passam a ser o foco de pesquisas. E leva à inovação e à solução para essas e outras questões.

As corporações têm priorizado, de forma crescente, o alinhamento dos interesses da comunidade local, fornecedores, clientes, enfim das partes interessadas, o que vai de encontro com a necessidade de ter atenção nos anseios dos clientes, que formam a opinião no consumo de produtos, na valorização de marcas e no respeito que as instituições proporcionam para o planeta e os que nele vivem. A construção de resiliência em longo prazo, o fortalecimento de marcas com responsabilidade ética e a transparência na divulgação de práticas ESG constarão no plano de ação dos administradores, mais do que agora, evoluindo nos próximos anos e possivelmente décadas.

Mas fica uma reflexão:

Você faz a sua parte? Você separa o lixo orgânico do material que pode ser reciclado? Vidro, plástico, papel, remédios vencidos ou não utilizados? Temos uma organização importante para ser administrada que é o nosso lar, além de nos ambientes de trabalho e de convivência em geral, tais como nos de diversão, educacionais etc.

Na seção 2 vamos tratar dos novos desafios para a busca da excelência. Há um caminho que possa ser seguido, alguma fonte onde podemos explorar e encontrar o conhecimento para aprimorar as nossas realizações nas organizações?

Seção 2 – Novos Desafios para o Administrador na Busca da Excelência Organizacional

Esta seção explora as práticas gerenciais exigidas dos administradores: gestão aberta, comunicação, pensamento crítico e inovador.

Destaca-se o papel do administrador como agente de transformação em ambientes digitais e multiculturais, com foco no desenvolvimento de pessoas, na construção de cultura organizacional forte e no uso de dados para decisões.

O administrador precisa lidar com ambientes voláteis, incertos, complexos e ambíguos (VUCA), nos quais decisões devem ser tomadas com base em dados incompletos, porém em tempo real. Administração é uma das atividades que está associada a algumas tantas outras. O mundo sempre girou em torno de dependência entre os humanos e entre tudo aquilo que fariam na natureza para o seu sustento, permanência e crescimento.

Na prática, desde sempre sabemos que para sobreviver e se desenvolver temos que encarar o que temos pela frente de maneira harmônica e sabendo conviver seguindo estratégias, regras e colaborando mutuamente cada um com os outros.

Viver em sociedade nos levou desde cedo a uma espécie de necessidade de montarmos organizações e para que estas atingissem um grau de eficiência mínima e preferencialmente em estado de crescimento constante, necessitavam de união, de esforços físicos e mentais conjuntos.

Para que isso ocorresse, a figura de um líder passou a ser uma obrigatoriedade em grupos e organizações, entretanto, há necessidade dos indivíduos que compõem as equipes de compreenderem as suas responsabilidades no trabalho. Apesar de muitos profissionais afirmarem que sabem trabalhar em equipe, trata-se de um desafio saber conviver com vaidades, características comportamentais individuais, interesses múltiplos, experiências acumuladas de diversos tipos, que fazem com que a tomada de decisão, a realização das tarefas, a apuração dos resultados e a análise do desempenho da organização sejam mais desafiadoras do que se imagina.

Entretanto, independente do contexto em que estamos envolvidos, um mundo onde não houvesse indivíduos no papel de administrador tampouco nos parece possível, pois, para que produtos, serviços, projetos se tornem realidade, planejamento, organização, tomadas de decisão, direção e controle são realizados.

Uma organização é composta por pessoas e por todos os recursos e instrumentos necessários para alcançar objetivos previamente definidos. Cada indivíduo envolvido possui sua própria trajetória e desejos, mas convive e colabora com os propósitos do grupo ou da organização à qual está vinculado. Ainda que os interesses individuais, por vezes, sejam conflitantes ou precisem ser deixados de lado em prol do "bem maior da organização", há constante busca por alinhamento em nome de metas coletivas. Desde os primórdios da civilização, a humanidade convive com pessoas que assumem papéis de liderança em momentos específicos.

É nos momentos de incerteza, de conflitos e de crises que líderes se destacam e aparecem com seu trabalho. A evolução social e organizacional, em grande parte, ocorreu de forma natural, por meio da busca de soluções para os desafios que surgiam. Ao longo do tempo, ações foram sendo executadas, algumas com êxito, outras de forma impositiva, mas sempre para responder às necessidades percebidas no contexto vivido.

O ponto de convergência nas organizações sempre esteve associado à figura do líder, alguém que, ao longo do tempo, assumiu diferentes estilos de condução, variando entre abordagens mais autocráticas, democráticas ou até coercitivas, conforme as exigências do contexto e da estrutura organizacional em formação.

As diretrizes inicialmente surgiam a partir de uma visão, de uma necessidade concreta ou de uma situação específica, e, com o tempo, essas práticas foram sendo incorporadas ao conhecimento humano.

Aquilo que antes era apenas fruto da experiência empírica foi se transformando em técnicas, teorias e princípios organizacionais. As práticas que se mostraram eficazes foram preservadas, sistematizadas e continuamente aperfeiçoadas, servindo de base para o desenvolvimento da gestão e da liderança como conhecemos hoje.

A regulamentação da função de administrar foi fundamental para garantir a atuação de um profissional preparado e comprometido com os resultados organizacionais e sociais. O administrador profissional deve possuir princípios e uma formação estruturada, além de acesso a ferramentas que potencializem sua *performance* refletindo diretamente no desempenho da organização que lidera e na sociedade em que está inserido.

Ao longo do tempo, o exercício da administração evoluiu partindo da utilização de instrumentos manuais para a aplicação de tecnologias cada vez mais sofisticadas. O líder moderno passou a dominar não apenas habilidades tecnológicas, mas também competências gerenciais, como competências comportamentais, denominadas *soft skills* altamente valorizadas.

Um novo desafio para os administradores é o da **gestão de pessoas em novos formatos de trabalho**, como o híbrido e o remoto. Tais modelos requerem novas formas de comunicação, de construção de vínculos e de engajamento, além de práticas de liderança baseadas na confiança e na autonomia dos colaboradores, um tema que desperta debates contra e a favor, mas só reforça a necessidade do aprimoramento das funções do administrador de "controlar" e "dirigir" os trabalhos e resultados das equipes. Naturalmente situações de "mudança" sofrem resistência, são necessários ajustes para adequar os interesses da equipe gestora, dos indivíduos, e dos integrantes do alto escalão e dos acionistas. Pois ao final de qualquer processo de inovação, de melhoria, a análise necessariamente passa pela lente das finanças e da lucratividade da empresa. E, só chega a bons resultados com a felicidade das partes interessadas e obviamente, com bem-estar e qualidade de vida que satisfaça aos envolvidos.

Com o apoio de recursos como painéis de indicadores de desempenho, tornou-se possível acompanhar resultados em tempo real, tomar decisões mais assertivas e conduzir equipes de forma estratégica e eficaz.

As organizações podem ter uma avaliação por parte dos clientes que a contratam, de acordo com a sua conduta no processo de realização dos seus produtos ou da prestação dos seus serviços. A velocidade como as imagens e informações são rapidamente disseminadas pelas redes sociais pode ser uma vantagem competitiva ou uma barreira para o sucesso organizacional. É necessário atenção na mensagem e nas ações praticadas para que o risco da reputação da organização não tenha algum dano.

Mas como deixar a organização preparada para a mudança? E como nos adaptarmos em um momento como esse? Uma fusão de empresas, onde há dois gerentes de produção, em tese, um deles deixará a organização, mas qual dos dois? Quais procedimentos de trabalho serão mantidos, quais os valores que são reforçados, quais que não devem ser replicados? Esse é um cenário de mudança em uma organização, na qual todos os personagens são envolvidos. Imagine quanto é complexa a decisão a partir de outra decisão, por exemplo, terceirizar algum ponto produtivo gerará com certeza a desvinculação de determinados profissionais, espaço, processos, maquinários...

A percepção de valor em um produto nas novas gerações está mudando, produtos que não poluem o ambiente, que mostram uma preocupação na fauna e na flora do planeta.

Os consumidores das novas gerações deixam de consumir produtos que afetam a saúde pelo excesso de sal, gordura ou açúcar, ou assumem um estilo de alimentação vegetariana, vegana, orgânica e muitos administradores que cresceram dentro de um mercado consumidor que dava pouca ou nenhuma atenção a esses fatores passam a repensar a forma de analisar o seu plano de negócios.

O formato de execução das coisas mesmo que seja parcialmente, cria novos hábitos, conduta, altera a maneira de entender, fazer e valorizar o que quer que seja.

O envelhecimento da população, o desafio de recrutar e selecionar pessoas qualificadas para os desafios que as organizações enfrentarão, promove uma necessidade de reflexão por parte dos administradores em relação às equipes, novas lideranças, otimização de processos na utilização de recursos naturais, jamais deixando de dar atenção para uma conduta eticamente aceitável, para se mitigar o risco na imagem da organização.

Mas fica uma reflexão:

Quando você vai fazer uma compra ou contratação de um serviço, quais os critérios que segue? Preço? Atendimento? Qualidade na prestação do serviço ou do produto? Ou também é influenciado pelas redes sociais ou de amigos e parentes? Na sua organização, há uma atenção em relação a fatores socioambientais? Para ficar mais claro:

- Sociais: condições de trabalho, inclusão e diversidade, respeito aos direitos humanos, impacto nas comunidades locais, bem-estar dos colaboradores.

- Ambientais: uso sustentável de recursos naturais, controle de emissão de poluentes, gestão de resíduos, mudanças climáticas, preservação da biodiversidade.

Na seção 3 apresentaremos estratégias adaptativas necessárias no cenário de volatilidade, incerteza, complexidade e ambiguidade.

Seção 3 – Estratégias Adaptativas: Mudança e Melhoria

Já faz algum tempo que trabalhamos em e com organizações, o que nos faz pensar que o fazemos a partir da convicção de que as organizações que construímos, incluídas naturalmente as empresas, operam com base em, ou como sistemas abertos.

Significa isso que organizações e empresas são sistemas problemáticos, porque têm necessidade, para viver, de adaptar-se continuamente a uma série de contingências.

Os sistemas abertos concluem a sua adaptação, o trabalho de existir, para elas sempre está incompleto. Justamente é esta a dúvida da vida que permite a possibilidade de alcançar cotas de complexidade organizacional (ou será organizativa?).

Nós, as pessoas, também somos sistemas biológicos abertos e, com quase total certeza, mais complexos que as organizações sociais e estamos submetidos à mesma regra e necessidade.

Nunca chegamos à conclusão, mesmo que tenhamos êxitos, muito sucesso... Sempre há e haverá mais por caminhar.

Para nós, não existe nenhum sucesso que possamos afirmar que não houve necessidade de mudança, de adaptação, tanto no curto quanto no longo prazo.

É correto afirmar que a adaptação contínua é muito trabalhosa. Creditamos isso à compreensão de algumas pessoas e organizações que em dados momentos precisam ficar quietas e dar por completo o trabalho.

Dada essa situação de fadiga, é possível entender que em muitas ocasiões prefiramos operacionalizar o nosso dia a dia como se fôssemos sistemas fechados e, por consequência, viver em paz, enquanto, obviamente, dure a paz.

A mudança e a inovação, esta entendida como forma especial de mudança, têm que aprender essencialmente com a estrutura dos sistemas.

É certo que se pode entender a inovação como algo extraordinário, passível de ser alcançado por pessoas, organizações e tecnologias especiais dotadas de genialidade e de criatividade. Mas esta definição, que tem a ver com a criação, isto é, descobrir alguma coisa nova ou, em linguagem empresarial, uma inovação radical, nos conduz a entender como centro da questão, o rendimento adaptativo, sempre em comparação com uma situação *standard*. Tem que ser avaliado em comparação com o resultado e não com o processo. Na prática, possibilitar obter retorno satisfatório. E, como resultado, compreende-se que algumas pessoas e organizações sintam necessidade de se acalmar, ficar quietas, não provocar nenhuma mudança.

Todos, obrigatoriamente, temos que nos adequar às mudanças, pois, caso contrário, se não o fazemos não nos adaptaremos bem e por consequência nos distanciaremos dos outros, ficaremos entre "muros" ou, como no caso dos dinossauros, "extintos". Nesse sentido, não operar como um sistema aberto, ou não entendermos que precisamos operacionalizar ou processar sob a pressão de ter de se adaptar a novas situações, é uma doença que precisa ser combatida, pois é, mortal.

Para tanto, a mudança e a inovação, seja esta radical, disruptiva ou incremental (de acordo com nossa capacidade e desejo), são coisas normais no decorrer da vida organizacional. Não existe nada de extraordinário em adaptar-se. Trata-se, tão somente, de uma condição necessária para sobreviver como sistemas vivos.

Apesar da normalidade da mudança e de sua limitada novidade como conceito, o mudar tem seus detratores, que, não sem razão e procurando saídas práticas e menos cansativas, não enxergam a necessidade de adaptação, com bons olhos, preferindo adotar alguma estratégia de resistência.

A cada pessoa ou a cada organização cabe fazer questionamentos sobre a necessidade e a utilidade de pensar se se quer mudar. É inútil também pensar ao contrário, isto é, porque deveríamos pensar se devemos efetivar a mudança ou não, independente de saber se o risco é incremental ou profundo.

No ambiente empresarial e até no político vinga um conselho extremo: qual a necessidade de mudar, se a coisa está funcionando? Se algo funciona a contento é de bom tom não tocá-lo. Se for mexido, corre-se o risco de não funcionar e não venhamos a ter conhecimento da causa, do motivo. Mudar ou inovar pode ser uma tentação pouco prática nesse caso.

No entanto, pode-se considerar que, ao resistir à mudança, corremos o risco de consequências inevitáveis – e talvez a mais preocupante delas seja a repetição. Enquanto o problema central não for resolvido, estaremos condenados a reviver o mesmo fracasso, não apenas uma vez, mas repetidamente, e ainda mais preocupante é transferir o conhecimento de práticas ineficazes para novas gerações na organização e permanecer replicando os procedimentos.

Preservar significa não se expor e acabar por ser invadido por aquilo que é estranho, que é diferente.

A inovação pode ser considerada um ataque por aqueles que valorizam e ou valoram por demais o que existe. E isto é bastante comum nas empresas e também na sociedade.

Fica claro que a estratégia mais econômica para se adaptar é não mudar se as coisas vão razoavelmente bem. Se o vento sopra a favor. Nesse caso, é preciso que se façam questionamentos, que normalmente nos fazemos quando à frente de uma decisão de mudança.

Entre essas perguntas temos:

- Quanto de esforço (recursos) deveríamos destinar à inovação ou às mudanças?
- Se estou satisfeito, por que tenho que mudar?
- Não será melhor valorizar e desenvolver o que já se tem em vez de se envolver com novidades?
- Mudar me garante que terei êxito?
- Quem me aponta a eficácia da novidade?

Não são questões simples e cabe a cada um em cada situação vivida refletir sobre elas. São razoáveis e a história mostra várias inovações que fracassaram, empreendimentos duvidosos, de pontos iluminados que se apagaram rapidamente.

Fica claro que estas alternativas razoáveis trazem virtudes que prestigiam os sistemas fechados, se é que eles existem concretamente. Cabe, pelo menos, ter que avaliar com calma e em alguns casos talvez seja melhor aguardar.

Entretanto, também provoca forte intranquilidade escutar aqueles que se posicionam favoráveis à inovação e às mudanças permanentemente como se fosse uma necessidade imperiosa e que afirmam que o contrário é não ter futuro e morrer.

O futuro não será igual e isso é uma certeza. O esforço de comprovar o que já se sabe reconforta, mas não se trata de tranquilidade e sim de desafio. Também a pedida é por algo a mais e, quem sabe, esta seja uma possível solução:

- Sair do pensamento convencional.

Inovar ou mudar não são coisas de maiorias, dizem alguns, mas sim, coisas de lideranças. Tanto se fala e escuta sobre a liderança que é neste ponto que realmente se encontra um sentido verdadeiro. Os verdadeiros administradores são colocados diante desse aprendizado e o experimentam, colocando-o em prática.

Ouvimos também, muitos colocarem que é muitíssimo necessário que se abandone o presente, pois na realidade ele já é passado. A perfeição não ocorre ao continuar cavando no mesmo solo, ao fazer isso, só se obtém mais buraco.

Pode-se, então, colocarmos diante de algumas perguntas, pois complementa e até responde algumas das anteriores:

- Posso garantir o longo prazo?
- Se o passado já passou, onde está o futuro?
- O que acontece se outra empresa surge e nos tira aquilo que conseguimos com tanta dedicação e esforço?
- Qual competência e/ou capacidade temos na organização para liderar o futuro?
- Onde encontramos a minoria que se faz necessária para mudar, melhorar ou inovar?

Essas também não são questões bobas, uma vez que nos colocam diante da necessidade de reconhecer o inacabado da existência e a fragilidade do querer descansar.

Há que se decidir, aprovar, experimentar e colocar-se no futuro, reconhecendo que as coisas mudam, recompondo competências organizacionais e pessoais, aventurar-se em novos terrenos que estão à nossa frente, repletos de oportunidades e promessas. É preciso aventurar-se, competindo pelo futuro e não se limitar a assegurar o passado. Há desafio aberto e sempre existe um projeto que antecipa a construção e isso não pode esperar.

O risco, quem sabe, pode ser controlado, mas nunca anulado.

Resistir talvez seja mais arriscado do que mudar ou inovar ou se adaptar a uma inovação, pois se não for feito por nós ou por nossas organizações alguém virá e o fará.

Mas fica uma reflexão:

Você já passou por um momento de mudança na sua empresa? Você promoveu a mudança? Atuou em uma campanha de comunicação e esclarecimento sobre os benefícios e a necessidade das mudanças?

Você foi impactado com a mudança? Qual foi a sua primeira reação? Contribuiu ou atuou contra? O que faria de diferente hoje?

Na seção 4 destacaremos a excelência como um processo contínuo, quais as competências técnicas e comportamentais que uma administração e seus administradores necessitam.

Seção 4 – Excelência como Processo Contínuo: Inovação, Ética e Responsabilidade Social

Neste texto encontram-se informações obtidas em pesquisas encontradas em referências bibliográficas e em conversas e práticas com quem exerce alguma liderança organizacional e/ou pretende vir a exercê-la.

Tenta-se apurar e analisar, transportando-a para que seja acessível a quem tiver interesse na profissão de administrar.

Abordam-se a seguir as competências mais importantes de que um líder (administrador) precisa para ter sucesso em um ambiente digital.

Líder, aqui, neste texto, é aquele que exerce habilidades tecnológicas e algumas mais valorizadas como as gerenciais. Líder, neste momento de avaliação pensando no futuro próximo e distante, é o propagador, talvez aquele que professa, o mentor, o que toma decisões, mas, com certeza, o administrador.

Habilidades encaradas como mais importantes são:

- Visão transformadora;
- Visão de fundo;
- Compreender tecnologia;
- Orientação para mudanças;
- Fortes habilidades de liderança;
- Outras (por exemplo, colaborativo, construtor de equipes).

Visão transformadora

Pode ser entendida como o conhecimento de mercado e tendências, perspicácia empresarial, ser solucionador de problemas, gerador de desafios.

Visão de fundo

Entende-se que é preciso ter visão clara, estratégia sólida, previsão, investir em prospecção.

Compreender a tecnologia

Implica experiência preexistente, instrução *(literacy)* digital.

Orientação para mudanças

De alguma forma todos nós, uns mais outros menos, temos, mas para exercer a administração é necessário que seja aberta, adaptável, inovadora.

Fortes habilidades de liderança

O profissional deve apresentar características como pragmatismo, foco e capacidade de tomada de decisão. Além disso, são necessárias habilidades de colaboração e competência para formar e liderar equipe.

Como fonte de referência para este trabalho se buscou a MIT SLOAN MANAGEMENT REVIEW, July, 2016 – *Aligning the organization for digital future* de C. Kane et al. que diz que cabe ao administrador alinhar todos os aspectos de uma organização (estruturas, processos, cultura, tecnologia etc.) para que estejam alinhados com os objetivos de transformação digital.

Contudo, analisando inúmeros estudos e tendências de impacto de tecnologia no trabalho, podemos condensar como principais habilidades que precisamos desenvolver para obtermos sucesso em um futuro que se vislumbra como próximo.

Listando então essas habilidades necessárias:

- Pensamento crítico;
- Criatividade e experimentação;
- Conexão; e
- Resiliência.

Pensamento crítico:

Em ambientes com ritmo de mudança acelerado, não dá tempo de esperar alguém (professor, jornalista, autores etc.) analisar os acontecimentos para fundamentar nossas decisões.

Quanto mais complexo se tornar o ambiente, mais essencial se torna a habilidade de aprender a pensar sozinho, criticamente, para validar e relacionar informações, de forma a perceber ameaças e oportunidades emergentes.

Criatividade e experimentação:

Refletir pressupõe a aquisição de novos conhecimentos. Ao construir esse repertório – seja ele científico, seja prático, pessoal ou profissional – a aprendizagem ocorre e se traduz em experiências que podem e devem ser compartilhadas nas organizações em que se atua. O papel de cada indivíduo está diretamente relacionado ao conhecimento que adquiriu: ter ideias, colocá-las em prática e, por meio da experimentação, descobrir o que funciona ou não.

Observe que há ritos a seguir para saber, para criar, para experimentar, assim como para avaliar.

Conexão:

- Com pessoas e tecnologias;
- Quanto maior a complexidade do mundo, mais interdependentes nos tornamos – tanto com pessoas quanto com tecnologias;
- Assim, desenvolver *networking* intencional e aprendizagem contínua de tecnologias nos conecta com as habilidades complementares de outras pessoas e funcionalidades tecnológicas para que consigamos ser mais sofisticados e obter melhores resultados.

Resiliência:

Conceituada com a propriedade que alguns corpos apresentam de retornar à forma original após terem sido submetidos a uma formação elástica, segundo o *Oxford Languages* e que pode ser acrescido para entendimento, da capacidade de se adaptar a situações adversas, superando momentos difíceis.

Em ambientes com alto grau de incerteza e que requerem processos de tentativa e erro, a resiliência é essencial para não desistirmos nas tentativas frustradas e conseguirmos praticar a criatividade e inovar.

Sem resiliência, não conseguimos progredir em ambientes complexos. Portanto, desenvolver a habilidade de resistir e continuar em circunstâncias adversas é a base das demais habilidades para o sucesso.

O grande desafio

Para desenvolver essas habilidades é que a educação tradicional não nos prepara para elas, não é pura e simplesmente obter informação, guardar na memória o que nos foi transmitido.

E, assim, portanto, precisamos assumir a responsabilidade de desenvolvê-las - independentemente de nossa idade ou situação profissional - enquanto o sistema educacional se inova e renova.

Além dessas habilidades

As características humanas que não podem ser (ainda) replicadas a contento por máquinas e sistemas/aplicativos também tendem a ser as mais valiosas. Para bem utilizar as tecnologias existentes e aquelas em desenvolvimento e inclusive ser competente no tratamento humano para que possamos nos destacar da melhor maneira no nosso dia a dia, facilitando a eficiência organizacional, é necessário investir em características apropriadas.

Essas características, consideramos como os três "E", que nos separam dos robôs estão citadas na figura IV.3.

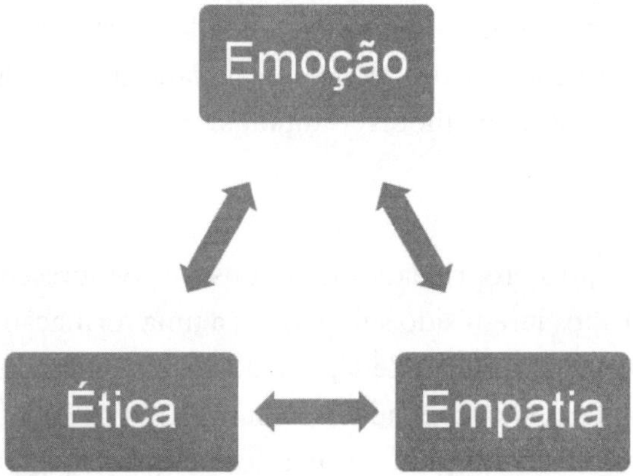

FIGURA IV.3 – Características diferenciais do ser humano. Fonte: Elaborada pelos autores.

É nesses três pontos que o ser humano faz a diferença e cabe a nós incentivarmos. Atrevemo-nos a afirmar que cabe ao administrador, para executar seu papel a contento e levar as organizações para o lugar que se propõe, utilizar e passar constantemente esse desafio, acompanhando os resultados, avaliá-los e implementando aprimoramentos.

Atingir a excelência organizacional pressupõe, portanto, que há necessidade de que a organização venha a ser liderada de forma abrangente e competente e sabendo-se que as mudanças são parte do dia a dia da sociedade como um todo e que, nesse todo, estão incluídas as organizações e os desafios que são constantemente renovados. Para obter sucesso nessa empreitada não existe possibilidade de deixar de incluir as tecnologias, aquelas que estão em uso na atualidade e que sabemos em transformação, bem como as novas, vindas de esforços calcados em inovação e empreendedorismo.

Eis que sabedores de que a tecnologia apoia a administração e reconhecidamente faz parte da atuação das organizações, ela tem que ser administrada. O movimento é tão intensamente grande e renovador que aumentam as cargas de responsabilidade de quem é responsável pelas atuações que se pretendem e por aquelas em execução.

Administrar significa, de alguma maneira, exercer papéis de importância específica em organizações ou grupos de pessoas que pretendam alcançar intentos conjuntamente. Considerando a predeterminação e o comum acordo e por isso:

Pressupõe um direcionamento de gerenciamento, alguns objetivos, planos e ações que são na verdade suas funções e ao mesmo tempo pressupõe a necessidade de conhecimento estratégico da organização, bem como seus pontos fortes e fracos do ponto de vista técnico/operacional.

Além de cuidar do andamento natural das atividades programadas no projeto em que ele, o administrador, se insere como gestor, sua função estabelece o acompanhamento amplo, incluindo aí, o acompanhamento de custos e, portanto, estar às voltas com cronogramas, tanto físicos quanto financeiros.

Ao mesmo tempo outros pontos de importância fundamental para que um projeto seja desenvolvido são suas atribuições. Por desenvolvido deve ser entendido o projeto propriamente dito e a sua consecução, incluindo-se aí, a pertinência e eventual modificação de rumos e processos internos.

Desempenho. Entre esses pontos têm-se o desempenho (do projeto) dos recursos humanos envolvidos e a transmissão para todos os componentes que atuam e atuarão para a consecução dos objetivos.

No caso de transferência de tecnologia, o gestor deve estar atento à avaliação dos atributos gerais e específicos acertados.

No acompanhamento, merecem destaque os seguintes pontos:

- Integridade tecnológica;
- Grau de definição do negócio;
- Desempenho econômico;
- Desempenho técnico;
- Desempenho comercial.

Estamos falando de tecnologia, de soluções tecnológicas, de substituição de tarefas, atividades, novos processos... e cabe ao administrador acompanhar e para isso é importante que tenha ao seu alcance instrumentos de acompanhamento.

Instrumentos de Acompanhamento

A análise periódica da viabilidade comercial deve fazer parte dos instrumentos de acompanhamento do projeto e gerar orientação para futuros desenvolvimentos (parciais, por etapas, ou gerais, novos projetos).

Essas análises sobre questões comerciais envolvem áreas especializadas em relacionamento com clientes, pesquisas de mercado, planejamento de vendas, vendas propriamente ditas por meios personalizados ou digitais e eletrônicos, bem como, entre outras, a comunicação que poderá ser direcionada ou não.

Diferencial

Ao ter uma tecnologia que se pretenda geradora de um diferencial ou o próprio diferencial para o mercado é preciso investir, espalhando essa informação, propagar, transmitir, divulgar os aspectos que interessam às partes envolvidas.

Aplicativos, sistemas, programas, redes, são parte das organizações e das pessoas em geral para que façam suas atividades, tanto faz se profissionais ou recreativas. A organização tem comportamentos a seguir e há modelos estabelecidos.

Ao administrador cabe implementar, ou seja, colocar em pauta, comunicar e fazer acontecer com a visão de que tudo ao final das contas é negócio e que tudo leva a ter que obter e usar conhecimento, para em seguida ampliar esse conhecimento. O conhecimento conta com participação e acompanhamento ativo em variáveis externas, estratégicas e internas.

O modelo visto como apropriado e com perspectivas futuras é o representado na figura IV.4.

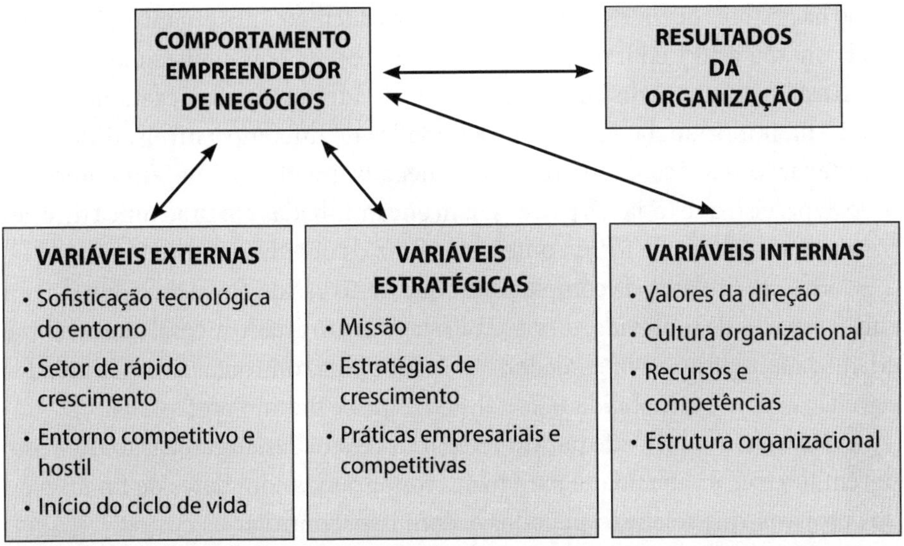

FIGURA IV.4 – Modelo Conceitual de Comportamento Empreendedor de um Negócio. Fonte: Elaborada pelos autores.

Cabe a quem exerce o papel de comando ter e repassar o conhecimento necessário para que as coisas sejam feitas a contento. É fundamental que exista uma organização da pesquisa e desenvolvimento que passe a destruir a burocracia e isso vem sendo demonstrado por inúmeros trabalhos.

O sucesso comercial é determinado, por um lado, pela interação entre estratégia, marketing, pesquisa, produção e tecnologia; e por mudanças do entorno por outro entorno. Os processos inovativos não podem ser considerados processos lineares, sequenciais, como eram no passado recente. Na atualidade, com a percepção de que continuará por um bom prazo, é que os processos precisam ser simultâneos, com a presença de todos os envolvidos, algo similar ao condicionamento do cérebro humano em seus processos criativos.

O problema ou desafio está quando na organização há falta de comunicação entre as pessoas que comumente têm objetivos parciais distintos. Como consequência, torna-se necessário que as estratégias adotadas, a pesquisa, o desenvolvimento e o marketing, em paralelo com a direção, desenhem e unam todos os caminhos.

O administrador desempenha um importante papel como o integrador de qualidade entre as partes envolvidas no processo.

Há muitas maneiras de estabelecer estratégias, desenhos e estruturas, assim como há gestores distintos e muitos problemas diferentes nas organizações. Cada qual com seu estilo, com seus jeitos de encarar e usar seus conhecimentos.

Aí está fundamentalmente a dificuldade da administração e exatamente por isso a sua importância. Há responsabilidades de diferentes níveis, difíceis de coordenar, o que acaba por repercutir negativamente na imagem como um todo. É preciso que todas as partes sejam encaminhadas em uma única direção para que se alcance de forma potente e eficaz os objetivos.

Com o crescimento da complexidade que traz o uso de novas tecnologias com curtos espaços de sobrevida, torna-se obrigatório um estado mental que combine criatividade, espírito empreendedor, capacidade para confrontar riscos calculados e aceitação de certa mobilidade social, geográfica e mesmo profissional.

É necessário habilidade para antecipar necessidades, organização rigorosa, porém flexível, e capacidade para fixar cronogramas com datas de finalização dos projetos, que sejam respeitados e, com isso, controlar os custos.

Percebe-se então que vivemos em um mundo de contradições. Temos que aceitar os paradoxos e conviver com eles. Assim, a organização se destaca, sendo centralizada e descentralizada ao mesmo tempo, global e localmente, fazendo planos a longo prazo e ser flexível no curto prazo. O pessoal envolvido deve ser autônomo e capaz de trabalhar em equipe. A estrutura tem que ser caótica, mas dirigindo-se rumo a objetivos comuns.

E essa situação ou necessidade traz a conveniência de passar a conviver com o que se entende por inovação. Um aspecto que é chave no processo de inovação, tanto interna quanto externa, é a condução para o desenvolvimento de renovação e criação de novidades, *design* e comunicação.

A eficácia da comunicação em uma organização ocorre quando provocada de tal forma em que se possa vislumbrar um conviver entre as várias áreas (departamentos nas empresas) ou entre as pessoas que ao agir, intervêm no desenvolvimento de um produto e captando as demandas do mercado ou ambiente externo.

O surgimento de novas tecnologias e as mudanças que freneticamente surgem e alteram o todo junto com as tendências futuras passam a ser entre os principais fatores que apontam para o sucesso ou insucesso das inovações.

Faz-se necessário, então, estar atualizado e sempre procurando antecipar-se às mudanças externas que afetam tanto aos consumidores quanto aos competidores e isso requer bons sistemas de comunicação que transmitam informação. Informações do ambiente externo e inclusive entre as diferentes pessoas que intervêm no processo de desenho de um produto, serviço, tecnologia ou processo.

O trabalho em equipe é, pela complexidade do fazer, manter a coordenação vigilante e conduzindo um projeto que necessita forçosamente de *inputs* procedentes da estratégia, do marketing, da produção, da pesquisa e do desenvolvimento, compras e muito provavelmente também de finanças e de pessoas (colaboradores, *freelancers*, terceiros).

Para ser ou fazer parte de uma organização inovadora é fundamental um processo de comunicação, pois, para chegar ao êxito, há a dependência do trabalho conjunto que tem de ter especialistas que conheçam as diversas facetas do que se está desenvolvendo. As facetas percorrem caminhos para conceber o produto e vão até a sua distribuição, passando pela busca de provedores, sua fabricação, sua logística etc.

Não é tarefa simples. Envolve pessoas que pensam, agem e têm necessidades nem sempre parecidas. Uma ética tem de ser aplicada para que se contentem as partes envolvidas. A definição esclarecida de responsabilidade social e um esforço obrigatório para que essa responsabilidade seja também fruto de respeito ao meio ambiente. Essas partes devem ser entendidas como fundamentais e que poderão ser aproveitadas para gerar diferencial.

Considerações Finais

A Administração, como ciência e prática profissional, continua sendo uma das forças motrizes do desenvolvimento organizacional e social. Neste momento histórico de 60 anos da regulamentação da profissão no Brasil, é essencial valorizar a trajetória percorrida e projetar o futuro com responsabilidade e visão crítica. A excelência organizacional só será possível com gestores preparados para atuar com ética, inovação e compromisso com o bem comum.

E o bem comum para se obter a excelência obriga a participação efetiva do Administrador, que deve fazer com que as tecnologias abundantes e em constante mudança ajudem a interagir com os consumidores e com os usuários. É sua responsabilidade forçar e permitir que se desenvolvam, se aperfeiçoem modelos e simuladores, telas compartilhadas, ferramentas audiovisuais, todos interativos com possibilidades de captação de resultados e a implantação de redes entre outros *softwares* e *hardwares*.

Na conexão e análise de sensibilidade do entorno, melhoram-se os serviços, o apoio à saúde e bem-estar, assim como a gestão da qualidade do entorno.

Na difusão do conhecimento, o aprendizado da organização atinge níveis melhores na visualização de dados, nas bases de dados compartilhadas, na comunicação multimídia, e outros instrumentos disponíveis ou em desenvolvimento.

As consequências desta impressionante penetração das novas tecnologias nos processos de inovação, manutenção e que conduzem para a excelência organizacional são muitas:

1. Permite conectar a todos os participantes do processo criando uma espécie de disponibilidade, próxima do que chamamos de nuvem em que se conectam todos os participantes do processo, o que possibilita e facilita melhor comunicação interna e externa e é visto como um dos principais fatores de sucesso de qualquer inovação.
2. Essa infraestrutura de tecnologia e informação permite quebrar barreiras entre áreas, disciplinas, papéis e funções, o que sem dúvida beneficia a inovação, a imagem, a comunicação, a organização em todos os aspectos. É isso o que permite criar estruturas e organizações complexas, caóticas onde a mescla de conhecimento leve a surgir ideias criativas. Cabe gerir a revolução no campo técnico, no econômico e socioambiental.
3. A introdução progressiva de novas tecnologias e de seus usos impulsiona o crescimento das organizações, mas também e talvez sobretudo da inovação, e pode-se citar o crescimento da produtividade e do consumo.
4. É prioritário o desenvolvimento de interfaces dos meios de inovação para difundir ainda mais sua introdução e uso. Cabe ao administrador buscar facilitar ao máximo o uso amigável possibilitando ao máximo a inclusão cada vez maior de usuários.

Ao final e ao cabo, pode-se afirmar e confirmar que cabe ao Administrador estar atento e conduzir desenhos e ações que não só levem a resultados como os destacados, comumente, por exemplo, econômicos, mas encontrar e implementar meios para fomentar de forma rápida e flexível a formação que facilitem o uso e a interação constante.

Discussão

Como os administradores podem equilibrar o uso intensivo de tecnologias emergentes com a preservação de valores humanos e éticos na busca da excelência organizacional?

Referências

Davenport TH, Prusak L. Conhecimento Empresarial. Rio de Janeiro: Ed. Campus; 1998.

Deming WE. Out of the crisis. Cambridge, MA: MIT Press; 2000.

Edmondson AC, Lei Z. Psychological safety: the history, renaissance, and future of an interpersonal construct. Annual Review of Organizational Psychology and Organizational Behavior. 2014;1(1):23-43.

KardeS I, Ozturk A, Cavusgil ST, Cavusgil E. Managing global megaprojects: Complexity and risk management. International Business Review. 2013;22(6):905-17. Disponível em: https://doi.org/10.1016/j.ibusrev.2013.01.003. Acesso em: 23 jun. 2025.

Senge PM. A quinta disciplina: arte e prática da organização que aprende. Tradução de Gabriel Zide Neto. São Paulo: Best Seller, 2013. 640 p. ISBN 9788576847144. Acesso em: 23 jun. 2025.

Maximiano ACA. Teoria geral da administração: da revolu*ção* urbana à revolu*ção* digital. 7ª ed. S*ão* Paulo: Atlas; 2012. 504 p. ISBN 9788522469680. Acesso em: 23 jun. 2025.

Capítulo V

GESTÃO E MARKETING: importância do marketing na criação de produtos e serviços para atender os desejos dos consumidores

- Edmir Kuazaqui
- Jayr Figueiredo Oliveira

Marketing é a arte de fazer negócios a partir da perspectiva do cliente. Por esse motivo, não venda produtos ou serviços, venda uma experiência.

Peter F. Drucker

Objetivos

- Apresentar uma breve contextualização do marketing com a Administração.
- Discutir o processo de realizar um marketing assertivo no cenário brasileiro.
- Discutir as aplicações do marketing no Brasil na atualidade.
- Refletir a evolução do marketing através das décadas.
- Refletir comparativamente o marketing convencional e o marketing digital.

Introdução

Ao longo das últimas seis décadas, o campo da Administração consolidou-se como essencial para o desenvolvimento das organizações e da sociedade. Dentro desse escopo, o marketing emergiu como uma área estratégica essencial nas empresas, não apenas para promover produtos e serviços, mas, sobretudo, para entender, criar e atender às necessidades e aos desejos dos consumidores em constantes transformações. Em um ambiente de mercado cada vez mais dinâmico, competitivo, internacionalizado e digitalizado, compreender os fundamentos e as práticas do marketing tornam-se imprescindíveis para qualquer administrador comprometido com resultados sustentáveis e éticos.

Este capítulo tem por objetivo refletir sobre a importância do marketing na criação de produtos e serviços que estejam verdadeiramente alinhados às expectativas e dores do consumidor. Inicialmente, será apresentada uma breve contextualização histórica do marketing no Brasil, destacando suas fases evolutivas e principais influências. Em seguida, será discutido como aplicar, de forma contemporânea, as ferramentas de marketing na realidade brasileira, considerando desafios como a diversidade socioeconômica, os avanços tecnológicos e as mudanças no comportamento do consumidor. A análise fundamenta-se em autores clássicos e contemporâneos, além de evidências empíricas, oferecendo uma visão crítica e atualizada do tema.

Entretanto, recentemente o campo do marketing tem sido significativamente impactado pela evolução tecnológica e pelas mudanças nos hábitos de consumos dos indivíduos. Diante desse contexto em constate mutação, as organizações têm constantemente adaptado suas estratégias de marketing para melhor engajar os consumidores de forma eficaz. Nesse cenário, emergem duas abordagens distintas: o marketing tradicional e o marketing digital, ambos desempenhando papéis fundamentais na promoção de produtos e marcas.

Historicamente, o marketing tradicional utilizou canais como a televisão, rádios, jornais e *outdoors* para disseminar mensagens publicitárias sobre produtos e serviços. No entanto, com a ascensão da era digital, houve uma revolução na forma como as empresas se relacionam com seu público-alvo, impulsionada pelo seguimento de novas ferramentas e plataformas. O marketing digital, então, surge como uma alternativa dinâmica, fazendo uso de redes sociais, publicidade *on-line* e *e-mails* para estabelecer uma comunicação mais direta e personalizada com os consumidores.

Com isso, este capítulo também visa demonstrar a compreensão das principais diferenças entre o marketing tradicional e o marketing digital, bem como analisar seus impactos estratégicos adotados por parte de algumas organizações de âmbito nacional e/ou internacional que buscam navegar com sucesso na era da hiperconectividade.

Breve História do Marketing no Brasil

A trajetória do marketing no Brasil acompanha o próprio processo de modernização econômica, social e tecnológica do País. Embora o conceito moderno de marketing tenha se consolidado nos Estados Unidos nas décadas de 1950 e 1960, com autores como Peter Drucker e Philip Kotler, sua introdução no Brasil ocorreu de maneira gradual e adaptada à realidade nacional. Nos anos de 1960, o Brasil passava por um processo de urbanização acelerada, crescimento industrial e maior integração aos fluxos de mercado internacionais. Neste contexto, surgem os primeiros cursos universitários de Administração, e, com eles, os primeiros contatos acadêmicos com o marketing.

Embrionariamente, o conceito de marketing foi introduzido no Brasil em decorrência de aplicações de propaganda e publicidade, que representam a parte final de todo o processo complexo de "praticar o marketing" em sua totalidade. A primeira fase do marketing no Brasil foi marcada por uma visão operacional e tática, fortemente vinculada à propaganda e à distribuição. Muitas empresas limitavam-se à comunicação de produtos, sem uma compreensão mais profunda do comportamento do consumidor. Nos anos de 1970 e 1980, com a difusão das obras de Kotler, McCarthy e outros autores internacionais, o marketing brasileiro começou a adotar uma abordagem mais estratégica, incorporando conceitos como segmentação de mercado, posicionamento e análise de ambiente competitivo. Essa evolução foi impulsionada pela crescente profissionalização das empresas, pelo fortalecimento das agências de publicidade e pela emergência dos institutos de pesquisa de mercado.

O período da década de 1990 é particularmente relevante. Com a abertura da economia brasileira, a estabilização monetária do Plano Real e a popularização da internet, novas exigências de mercado passaram a pautar a atuação das organizações. O consumidor brasileiro tornou-se mais informado, exigente e conectado. Surgiram então abordagens centradas na relação com o cliente, como o marketing de relacionamento (Gordon, 1998), que visava fidelizar o consumidor por meio de experiências personalizadas e interação contínua.

Com o advento do século XXI, o marketing brasileiro passou a ser influenciado pelo conceito de valor e experiência. O consumidor buscava não apenas produtos ou serviços, mas sensações e propósitos com os quais pudesse se identificar (Schmitt, 1999). Empresas brasileiras como a Natura e o Grupo Boticário adotaram estratégias de marketing sensorial, sustentabilidade e responsabilidade social, tornando-se referências nacionais e internacionais. Além disso, o crescimento das classes C e D, impulsionado por políticas de inclusão econômica, ampliou o mercado consumidor e exigiu uma reconfiguração das estratégias de comunicação e distribuição.

A partir de 2010, com a consolidação das mídias sociais e o acesso massivo à internet móvel, o marketing digital tornou-se protagonista. Ferramentas como SEO, mídia programática, marketing de influenciadores e automação de marketing passaram a ser adotadas com mais intensidade, sobretudo por *startups* e empresas de tecnologia. Esse processo, no entanto, revelou desafios como a desigualdade no acesso à tecnologia, a baixa educação digital e as dificuldades das pequenas empresas em se digitalizar. Ainda assim, o Brasil se tornou um dos maiores mercados de redes sociais do mundo, o que consolidou uma cultura de interatividade entre marcas e consumidores.

Atualmente, o marketing no Brasil é caracterizado por sua pluralidade. Convive-se com práticas tradicionais e modernas, em diferentes níveis de sofisticação, refletindo a diversidade regional, social e econômica do País. As empresas que se destacam são aquelas capazes de interpretar esse mosaico de maneira estratégica, sensível e inovadora, adaptando ferramentas globais ao contexto local.

Processo de realizar um marketing estratégico no contexto brasileiro

O marketing, entendido como o conjunto de atividades que visam satisfazer necessidades e desejos dos consumidores por meio de trocas de valor (Kotler e Keller, 2012), requer uma abordagem sistemática e sensível às especificidades do público-alvo. No Brasil, um País caracterizado por grande diversidade cultural, regional e socioeconômica, fazer um marketing eficaz exige mais do que criatividade: demanda pesquisa aprofundada, planejamento meticuloso, execução estratégica e acompanhamento contínuo dos resultados. Segue os *insights*:

- **Reconhecimento das necessidades dos consumidores brasileiros**: O ponto de partida de qualquer processo de marketing é o reconhecimento das necessidades e desejos dos consumidores. No caso brasileiro, estudos apontam que o consumidor valoriza atributos como preço justo, qualidade, responsabilidade social e autenticidade das marcas. A identificação dessas necessidades pode ocorrer por meio de dados secundários – como relatórios setoriais, dados do IBGE, do DataSUS, do IBOPE – ou primários, obtidos a partir de entrevistas, questionários e grupos focais (Malhotra, 2012).

- **Pesquisa de Mercado**: A pesquisa de mercado é a etapa que fundamenta todas as demais decisões do marketing. Seu objetivo é transformar percepções subjetivas em dados objetivos, mensuráveis e comparáveis. A metodologia pode ser qualitativa (exploratória) ou quantitativa (descritiva ou causal), dependendo da natureza do problema (Samara e Barros, 2007). No contexto brasileiro, a coleta de dados precisa considerar as especificidades regionais e as particularidades culturais que influenciam o comportamento do consumidor.
- **Segmentação, Posicionamento e Definição de Público-Alvo**: Com os dados em mãos, o passo seguinte é a segmentação de mercado, ou seja, a divisão do mercado total em grupos menores, homogêneos e heterogêneos entre si (Kotler e Keller, 2012). No Brasil, é comum segmentar por renda (ex.: classes A, B, C, D, E), localização geográfica, idade, gênero, estilo de vida, entre outros. O posicionamento, por sua vez, deve comunicar claramente ao consumidor o diferencial da marca, produto ou serviço, levando em conta os valores que aquele segmento mais preza (Richers, 1986).
- **Planejamento Estratégico de Marketing**: O planejamento de marketing consiste na elaboração do composto mercadológico (4Ps: Produto, Preço, Praça e Promoção), alinhado ao posicionamento desejado. No Brasil, o planejamento deve também considerar os desafios da infraestrutura logística, a informalidade de parte do mercado e o crescente uso de canais digitais. Cada decisão estratégica deve ser baseada em dados de mercado, análise SWOT e objetivos mensuráveis. Em síntese, as estratégias das ferramentas de marketing devem envolver: Produto (adaptação às expectativas culturais e funcionais do consumidor), Preço (políticas que combinem atratividade e rentabilidade, considerando a sensibilidade de preço de muitos segmentos), Praça (Distribui-

ção, com canais de venda compatíveis com o comportamento de compra local, incluindo *e-commerce*, *marketplaces* e lojas físicas) e Promoção (comunicação clara, sensível ao contexto cultural e que valorize a brasilidade quando relevante).

- **Execução e Controle**: Executar o plano de marketing exige coordenação interdepartamental e foco em resultados. Ferramentas como CRM (*Customer Relationship Management*), plataformas de automação de marketing e métricas de *performance* (KPIs) ajudam a monitorar e ajustar a estratégia em tempo real (Churchill e Peter, 2000). A fase de controle envolve a comparação entre os resultados esperados e os obtidos. Isso permite corrigir desvios, reforçar acertos e criar um ciclo contínuo de aprendizado e melhoria.

Marketing Contemporâneo no Brasil: Estratégias para um mercado em transformação

O marketing contemporâneo é marcado por uma transformação profunda na forma como as empresas se relacionam com seus consumidores, e isso tem se intensificado nos últimos anos com o avanço da tecnologia, a globalização das comunicações e o protagonismo das questões sociais e ambientais. Kuazaqui (2022, p.112), afirma que *...empresas devem reconsiderar frequentemente seu modelo de negócios e suas práticas. Aprender e reaprender devem ser comportamentos estratégicos devidamente posicionados nos profissionais e no DNA de empresas.* No Brasil, essa realidade adquire contornos específicos: as empresas precisam lidar com um mercado altamente segmentado, tecnologicamente desigual e culturalmente diverso.

A utilização do marketing digital é uma das principais manifestações dessa contemporaneidade. Plataformas como Instagram, TikTok, YouTube e WhatsApp tornaram-se canais essenciais para as marcas que desejam dialogar diretamente com seu público. Segundo Chaffey e Ellis-Chadwick (2019), o marketing digital permite uma comunicação mais personalizada e responsiva, mas exige conhecimento técnico, análise de dados em tempo real e uma estratégia clara de conteúdo. No Brasil, observa-se um crescimento expressivo da atuação de influenciadores digitais, que desempenham papel central na formação de opinião e na decisão de compra, especialmente entre os jovens.

Outro ponto essencial é a presença do marketing orientado por valores. A geração Z e os millennials têm demonstrado maior propensão a consumir de marcas alinhadas com causas sociais, ambientais e de inclusão (Kotler, Kartajaya e Setiawan, 2021). No Brasil, iniciativas como a "magalu para todos" e a plataforma "Você no Azul", do Banco do Brasil, são exemplos de campanhas que integram valores à estratégia de marca. Isso reforça a tendência do marketing com propósito, que vai além do lucro e busca contribuir positivamente para a sociedade.

A hipersegmentação do mercado é outro desafio contemporâneo. Em um País de dimensões continentais como o Brasil, é necessário desenvolver campanhas adaptadas a diferentes contextos culturais e realidades socioeconômicas. O uso de dados para compreender essas diferenças é fundamental. Ferramentas de Business Intelligence, CRM e análise preditiva auxiliam na identificação de padrões de consumo e comportamentos regionais, permitindo uma atuação mais assertiva.

No entanto, não basta tecnologia. A essência do marketing contemporâneo está na compreensão humana do consumidor. Conforme Solomon (2016), é preciso observar as emoções, os desejos, os medos e as aspirações das pessoas. No Brasil, isso implica compreender a diversidade de experiências: do consumidor urbano ao rural, do cliente de alta renda ao consumidor das periferias. As marcas que sabem dialogar com empatia e escuta ativa constroem vantagem competitiva duradoura. Conforme Kuazaqui (2019), os consumidores não querem mais participar do processo de compras simplesmente de forma passiva, mas na possibilidade de participação e até cocriação.

Finalmente, destaca-se a importância da formação de profissionais preparados para esse novo contexto. Os cursos de Administração devem capacitar os futuros gestores com competências analíticas, digitais, culturais e éticas, capazes de utilizar o marketing como ferramenta de transformação econômica e social.

O marketing contemporâneo no Brasil é, portanto, um campo desafiador e cheio de possibilidades. Ele exige dos profissionais uma postura investigativa, criativa e empática, capaz de interpretar um mercado em constante mutação, equilibrando resultados financeiros com relevância social. Esses devem compreender, conforme Kuazaqui (2020), de que as empresas devem perceber que devem entregar valor e o consumidor interessado em investir no portfólio que a empresa oferece. E todo esse importante processo envolve os colaboradores e talentos humanos no processo de realizar um marketing adequado e estratégico.

Do marketing tradicional ao marketing digital: uma análise comparativa da (R)evolução através do tempo

Se observarmos que o conceito trabalhado como marketing como é conhecido originou-se durante a Primeira Revolução Industrial, que trouxe mudanças significativas na maneira de como produzimos e consumimos produtos, proporcionaram estudos marcantes relacionados ao marketing. Embora o conceito de marketing tenha raízes na Antiguidade, ele se tornou uma disciplina acadêmica no século XX. Um dos principais impulsionadores desse desenvolvimento foi o problema do excesso de oferta gerado pela produção pioneira de Henry Ford.

Conhecida como "Era dos Produtos", que é a origem e o foco na produção, foi e ainda é apontada por Phillip Kotler como a primeira fase do marketing (Marketing 1.0), e estima-se que se estendeu até a década de 1950. Com grande enfoque na qualidade, a variedade de produtos disponíveis ainda era limitada. Nessa Era, as empresas concentravam esforços em produzir e massivamente produtos padronizados para atender à crescente demanda do mercado, como explica Las Casas (2021, p. 21), "os consumidores estavam ávidos por produtos. Com a Revolução Industrial apareceram as primeiras indústrias organizadas aplicando a administração científica de Taylor, a produtividade aumentou. Assim mesmo a ideia dos empresários e a disponibilidade de recursos eram fatores determinantes na comercialização".

Apesar dessa grande mudança na maneira de se produzir, ainda havia uma falha em relação à relevância do cliente nessa relação de consumo, que inclusive pode ser apontada pela frase que conta de Henry Ford, em seu livro intitulado "Minha vida e minha obra", publicada pela primeira vez 1922, constando o seguinte trecho: *(...) em uma manhã de 1909, sem prévio aviso, anunciei que no futuro iríamos produzir apenas um modelo, que seria o Modelo T, e que o chassi seria exatamente o mesmo para todos os carros. Afirmei: Qualquer cliente pode comprar um carro de qualquer cor que quiser, desde que seja preto.*

Não posso dizer que todos concordam comigo. O pessoal de vendas, claro, não conseguia enxergar a vantagem de fabricar apenas um modelo. Mais que isso, eles não se importavam tanto assim.

Com isso, a comunicação das organizações com os consumidores seguia uma lógica estritamente unilateral. Os anúncios eram massivos e eram realizados em jornais, revistas, rádios e televisão. As empresas transmitiam mensagens para o público sem espaço de *feedback* ou buscar construir relacionamento com os clientes. Dessa forma, o consumidor era visto de forma passiva, sem espaço para escolha, o seu poder de compra era fortemente atrelado aos desejos e necessidades.

Cabe ressaltar que uma contribuição histórica dessa Era que influencia até hoje o funcionamento do mercado foi a criação de grandes marcas, que vendem produtos massificados e são utilizadas em estudos de casos até hoje, como Ford, Colgate, Coca-Cola, entre outras.

Por sua vez, o Marketing 2.0 teve seu início em meados da década de 1950, estendendo-se até a década de 1990. Sua principal característica foi a mudança de foco do produto para os desejos e necessidades do consumidor. Data dessa época também a origem das pesquisas de mercado para que as marcas pudessem entender melhor seus clientes e desenvolver produtos que dialogassem com estes.

Outra mudança significativa na atuação das empresas foi na adoção de uma comunicação cada vez mais bidirecional. A busca por *feedbacks* dos clientes para atender demandas tinha como principal objetivo fidelizar estes e buscar novos clientes. Canais de comunicação, programas de finalidade e marketing direto: medidas como essas criaram o perfil do consumidor ativo.

Em linhas gerais, o Marketing 2.0 representou uma grande mudança na forma como as empresas se relacionam com os clientes e solidificou as bases para o novo perfil de consumidor crítico que viria a se formar. Algumas empresas que se destacaram foram a Nike e o McDonald's.

Com a chegada da geração Y, surgiram novas demandas. No final da década de 2000, o acesso à informação tornou-se cada vez mais amplo, revelando grandes escândalos na indústria financeira. A nova geração passou a exigir que as marcar tivessem um impacto social e ambiental positivo. Esse movimento foi tão significativo que redefiniu o panorama, levando diversas empresas a se adaptarem ao que foi chamado de Marketing 3.0, que pelas palavras de Kotler (2010) *...os clientes importam-se não só com os produtos da empresa, mas também com sua imagem e com o que ela defende. Ícones do mundo empresarial – Nike, Disney, BMW, Microsoft, Harley Davison e outras – transmitem aos clientes sua personalidade e forte proposição de visão. As empresas que querem ser aparecidas precisam mostrar que se importam com as condições de vida das pessoas e com seus sonhos. Precisam se conectar e servir a todos os stakeholders – empregados, fornecedores, distribuidores e a comunidade -, não apenas aos investidores.* Entender e servir ao espírito humano se torna cada vez mais importante.

Apesar de adaptarem a maneira de venderem seus produtos e se relacionarem com os clientes, as empresas ainda não haviam antecipado essas novas tendências.

Realmente a Era do Marketing 3.0 representou um grande desafio para as empresas se relacionarem com seus clientes, mercado por foco no valor e na experiência que as marcas podem proporcionar, além de preocupações como sustentabilidade e responsabilidade, social.

Com a mudança de foco do eixo produto e cliente para o valor e experiência, as empresas passaram a buscar, bem como a criar produtos e serviços que fossem relevantes, alinhando isso a uma comunicação holística, por vezes chamada de *omnichannel*, visando atingir um consumidor que adota um perfil de decisão mais complexo. Foi a partir das necessidades e desejos dos consumidores, pelo campo material, emocional e social, que as organizações criaram e ainda criam universos completos que dialogam com seus clientes em diversos níveis.

Outro fator relevante para a compreensão sobre esse período do Marketing 3.0 foi a ascensão da internet e o estabelecimento do marketing digital. Permitindo maior alcance global, mas mantendo uma segmentação precisa, o marketing digital permite que com baixos custos as marcas conseguissem um alto retorno. Além disso, o marketing digital possui qualidade de ser rico em dados para mensuração: primeiro clique, visualização, impressões, compartilhamento, entre outros.

O Marketing 4.0 representa uma evolução do marketing tradicional para o digital, e é uma realidade que as marcas devem adotar o quanto antes. Conhecido como a "Era da Hiperconectividade", representa a influência da tecnologia digital em todos os aspectos do marketing, principalmente no que tange a uma inclusão social e a interação *on-line*.

Nesse contexto, as marcas precisam investir cada vez mais no relacionamento com os clientes, estabelecendo conexões profundas e criando estratégias altamente segmentadas. É essencial manter o foco nas necessidades humanas em um mundo onde não há mais uma divisão clara entre o *off-line* e o *on-line*. Estamos na Era pós-digital, onde a tecnologia permeia todos os aspectos da vida cotidiana, desde a pesquisa de produtos até a tomada de decisão de compra. Assim como a indústria passou por um processo evolutivo até chegar à fase atual, também denominada de 4.0, o marketing segue o mesmo percurso. Na Era do Marketing 1.0, durante o período da Revolução Industrial, o foco estava exclusivamente no produto. A comunicação das marcas destacava suas características e benefícios, sem uma preocupação real com as necessidades dos consumidores.

O comportamento humano está cada vez mais influenciado pelo universo dos recursos tecnológicos, impactando diretamente a forma como as marcas interagem conosco. Instituições organizacionais que não adotam essas abordagens correm sérios riscos de perderem relevância no mercado, antes mesmo de iniciarem qualquer estratégia ou no desenvolvimento de produtos. Ressaltamos que é fundamental definir a *persona* alvo. Vale observar que as mídias sociais desempenham um papel central na consolidação do Marketing 4.0. Dessa forma, o conteúdo abordado assume um papel de destaque crucial na atração e engajamento do público, tornando-se essenciais as realizações de testes e validações das estratégias para assegurar sua eficácia. Monitorar e analisar resultados é fundamental para a compreensão do desempenho das estratégias, bem como identificar áreas e setores que necessitam de ajustes.

Por sua vez, o Marketing 5.0 representa o estágio mais recente do marketing, no qual as empresas são incentivas a empregar as tecnologias para promover o benefício da humanidade e contribuir para o bem-estar das pessoas, ultrapassando os limites das simples vendas e do consumismo.

Algumas características preponderantes dessa última versão são o foco no bem-estar individual e social, ambos vão além da mera satisfação do cliente, envolvendo a sustentabilidade e a ética. A cocriação com o cliente, onde este assume um papel de *stakeholder* e participa ativamente do processo de marketing, tendo o próprio marketing como propósito, nos quais as empresas defendem causas sociais que dialogam diretamente com o seu público-alvo.

O Marketing 5.0 diretamente com o avanço da inteligência artificial para a análise de dados e a experiência personalizada a partir disso, como no caso da Netflix, onde a página inicial do website ou aplicativo conta com recomendações únicas geradas a partir do histórico de cada usuário.

Vale enfatizar que o Marketing 5.0 ainda é um conceito em evolução, principalmente por se tratar da era atual do marketing, segundo Kotler (2021), ou seja, ainda há características referentes a essa era a serem integradas a sua literatura. Outro fato relevante é que, embora Kotler não defenda a existência do Marketing 6.0, alguns especialistas e estudiosos do marketing já começaram a discutir as possíveis características dessa era.

Marketing Convencional e Marketing Digital: qual a plataforma de preferência social?

O marketing envolve constantemente a identificação e a satisfação das necessidades humanas e sociais, como sempre apontou Kotler e Keller (2012, p. 4). Para definir de forma mais coerente e simples, diga-se que o marketing supre as necessidades lucrativamente. Mediante a essa premissa, compreende-se como o marketing é importante e fundamental no processo de gerenciamento da comunicação interna, desenvolvimento de estratégias e na própria imagem das instituições e organismos. As empresas utilizam as práticas de marketing como ferramenta para um bom desempenho nos negócios, tais como: reconhecimentos de marcas, divulgação do nome, aumento das vendas e interação com os clientes, buscando suas satisfações – a fim de fidelizá-lo.

Portanto, manter o marketing exige atenção e visão, com objetivos, metas e um bom planejamento para que as companhias possam se manter em longo prazo. Não obstante, a sociedade está constantemente passando por mudanças, tanto no comportamento, como nos gostos, desejos, costumes, relacionamentos e até mesmo na maneira de pensar. De acordo com Cavalcante e Silveira (2006), o consumidor está cada vez mais exigente, logo a inovação e a tecnologia são elementos fundamentais ao bom desempenho das organizações e à conquista de clientes.

Clientes estes que agora conseguem buscar e pesquisar informações, dados e inclusive avaliações de outros consumidores sobre produtos e serviços, antes de adquiri-los. Levando em conta a necessidade constante e crescente do consumo prático e rápido dos clientes, o marketing digital se tornou um expressivo instrumento empresarial.

O marketing digital, como ferramenta de fácil acesso atualmente, viabiliza a comunicação e a relação cliente e empresa, dando a oportunidade de uma maior proximidade, onde o cliente tem a chance de comunicar seus interesses e necessidades, além de gerar um *feedback* para a empresa, de maneira até mesmo direta, já que, com o advento e proliferação das redes sociais, a distância entre consumidor e fornecedor foi consideravelmente reduzida (diferentemente do marketing convencional, onde o cliente tinha voz ativa sobre suas preferências e peculiaridades, e sim, visto como um componente da massa alcançada).

Quando uma empresa não investe no seu marketing, principalmente em seu marketing digital hoje em dia, esta acaba deixando de lado uma potente *interface* de relacionamento direto com seus clientes. Quando o consumidor tem a oportunidade de expressar suas preferências e seus gostos sobre determinados serviços e produtos, o marketing digital pode ser utilizado na produção direcionada àquele público específico – e, a partir deste direcionamento, o próprio cliente é conduzido pelas informações que lhe são pertinentes e as quais deseja receber.

Sob outro enfoque, o marketing convencional, que é o que existia (e ainda existe) antes do mundo digital, sempre utilizará de diversos tipos de estratégias a fim de veicular os produtos e serviços: anúncios de televisão, rádio, jornais e revistas, *outdoors*, panfletos e em eventos. Estes métodos ainda existem, porém, não são tão eficientes quanto a resposta e interatividade do consumidor, pois esse "*outbound* marketing[1]", como também é conhecido o marketing convencional, cobre a disseminação de mensagens ao público em geral, sem interação ou direcionamento a clientes singulares. Isso não significa que esse tipo de divulgação está ultrapassado, pelo contrário, as divulgações tradicionais fazem parte da população (principalmente dos mais velhos) e também utiliza de elementos de nostalgia e associações para se manter viva e ativa, diante da difusão interativa e frenética dos anúncios feitos na internet.

Considerações finais

Realizar um marketing bem feito no Brasil é um processo complexo, que exige sensibilidade ao contexto local, domínio técnico e uso inteligente de dados. Mais do que uma sequência de etapas, trata-se de um sistema interdependente, em que cada decisão afeta diretamente a percepção do consumidor e os resultados da organização.

Por sua vez, o marketing digital, em parte, transcende os limites do marketing convencional, oferecendo um leque de oportunidades para impulsionar o crescimento, fortalecer a marca e fidelizar ainda mais o cliente.

Destacando ainda mais o cenário brasileiro, é essencial observar a competitividade para as empresas de serviço na região Sul e Sudeste do Brasil, que se transforma a cada dia. Essas regiões foram pioneiras na adoção do marketing digital e ainda hoje se destacam com suas campanhas. Fatores

[1] É conhecido como marketing de interrupção, pois é a empresa que aborda ativamente o cliente, seja com telemarketing, seja com publicidade, anúncios, entre outros. O conceito de *outbound* também pode ser aplicado no setor de venda, como um modelo comercial.

como a alta penetração da internet, o perfil digitalmente engajado do consumidor e as políticas de incentivo contribuíram para a rápida disseminação dessa prática. Empresas como o Hospital Alberto Einstein, Doctoralia, RBS e Sicredi servem como exemplos inspiradores da utilização eficaz do marketing digital. Por meio de campanhas inovadoras e engajadoras, essas empresas conquistaram reconhecimento, fidelizaram clientes e se destacaram em seus respectivos mercados.

Discussão

"O marketing identifica desejos ou molda comportamentos?"

Estudo de caso – PROPOSTA

***Case "New Coke"* - Coca-Cola**

Em 1985, a Coca-Cola cometeu um impressionante erro de marketing. Após 99 anos de sucesso, deixou de lado sua antiga regra "não mexa com a Mãe Coca" e abandonou sua fórmula da coca-cola original. Em seu lugar surgiu a *New* Coke, com um gosto mais doce e suave.

A empresa anunciou o novo sabor com uma verdadeira festa de propaganda e publicidade. A princípio, em meio à grande divulgação, a *New Coke* vendeu bem. Mas as vendas logo caíram, à medida que um público atônito reagia.

A Coca-Cola começou a receber grandes quantidades de cartas e mais de 1.500 telefonemas diários de consumidores irados.

Um grupo chamado *Old Cola Drinkers* iniciou protestos, distribuiu camisetas e ameaçou abrir um processo para que a Coca-Cola trouxesse de volta a fórmula antiga. A maioria dos *experts* de marketing previu que a *New Coke* seria o "Edsel dos Anos 1980".

Após apenas três meses, a Coca-Cola trouxe a antiga coca de volta. Agora denominada *Coke Classic*, era vendida lado a lado com a *New Coke* nas prateleiras dos supermercados.

A empresa disse que a *New Coke* iria continuar sendo sua marca principal, mas os consumidores tinham uma ideia diferente. No final de 1985, o número das vendas da *Classic* batia o da *New Coke* nos supermercados por dois a um. Em meados de 1986, as duas maiores fontes de renda da empresa, McDonald's e Kentucky Fried Chicken, tinham voltado a servir a *Coke Classic* em seus restaurantes.

Uma reação rápida salvou a empresa de um desastre em potencial. Ela aumentou seus esforços em favor da *Coke Classic* e reduziu a *New Coke* a um papel secundário, de apoio. Em 1987, a *Coke Classic* era novamente a sua principal marca e o líder entre os refrigerantes dos EUA.

A *New Coke* tornou-se a "marca de ataque" da empresa – sua arma contra avanços da Pepsi. Os anúncios da empresa ousadamente comparavam o gosto da *New Coke* com o da Pepsi.

Ainda assim, a *New Coke* conseguiu urna parcela de apenas 2% do mercado. Em 1989, a *Coke Classic* vendia mais do que a *New Coke* em uma proporção de 10 para 1. Na primavera de 1990, a empresa mudou a embalagem da *New Coke* e a relançou com um novo nome: *Coke II*. No entanto, a maioria dos especialistas previu que a empresa simplesmente deixaria a marca desaparecer de cena.

Por que a *New Coke* foi introduzida? O que deu errado? Muitos analistas culpam a pesquisa de mercado malfeita pelo erro.

No começo dos anos 1980, embora a Coca-Cola ainda fosse a líder do mercado, ela estava lentamente perdendo terreno para a Pepsi. Durante anos, a Pepsi construiu, com sucesso, o "Desafio Pepsi", uma série de testes transmitidos pela televisão, demonstrando que os consumidores preferiam o sabor mais doce da Pepsi. No começo de 1985, embora a Coca ainda fosse a líder do mercado total, a Pepsi detinha a maior parcela dos supermercados, com uma vantagem de 2% (não parece muito, mas 2% do enorme mercado de refrigerantes significa 600 milhões de dólares em vendas no varejo).

A Coca-Cola tinha de fazer alguma coisa para deter o avanço da concorrente – a solução parecia ser mudar o seu sabor.

A Coca-Cola começou a maior pesquisa de mercado para um novo produto já feito na história da empresa. Ela gastou mais de dois anos e quatro milhões de dólares em pesquisas antes de definir a nova fórmula.

Conduziu cerca de 200.000 testes para definir o sabor do refrigerante – 30.000 só para a fórmula final. Em testes em que não se dizia ao entrevistado o nome dos refrigerantes oferecidos, 60% dos consumidores preferiram a *New Coke* em lugar da antiga e 52% consideraram-na melhor que a Pepsi. As pesquisas mostravam que a *New Coke* seria uma vencedora. Então, a empresa a lançou no mercado certa do seu sucesso. Considerando-se tudo isto, o que aconteceu?

Analisando os dados, podemos ver que a pesquisa de mercado da Coca--Cola foi conduzida de maneira errônea. A pesquisa procurava saber, unicamente, a reação das pessoas ao sabor; não se preocupou em explorar os sentimentos dos consumidores diante da ideia de que eles deveriam abandonar a velha Coca e substituí-la por uma nova versão. A pesquisa não levou em consideração. Os dados *intangíveis* – o nome da Coca-Cola, sua história, embalagem, sua herança cultural e sua imagem. Para muitas pessoas, a Coca-Cola é um símbolo americano, tal como o *hot-dog*, o *baseball* e a torta de maçã.

O significado simbólico da Coca-Cola provou ser mais importante para muitos consumidores do que o seu sabor. Uma pesquisa de mercado mais completa e minuciosa teria detectado essas importantes emoções.

Os gerentes da Coca-Cola podem ter feito um julgamento equivocado ao interpretar a pesquisa e planejar suas estratégias de acordo com ela. Por exemplo, eles consideraram o dado de que 60% dos consumidores preferiram o sabor da *New Coke*. Como um sinal de que o novo produto conquistaria o mercado – como um político que ganha uma eleição com 60% dos votos.

Mas esse dado também mostrava que 40% ainda preferia a Coca antiga. Ao abandoná-la, a empresa ignorou a grande parcela dos consumidores leais à Coca-Cola que não queriam uma mudança. A empresa teria feito melhor se tivesse deixado a Coca antiga em paz e introduzisse a *New Coke* como uma extensão da marca, como fez, posteriormente, com sucesso, com a *Cherry Coke*.

A Coca-Cola tem um dos mais avançados e bem-gerenciados departamento de pesquisa de mercado dos EUA. Um bom trabalho de pesquisa manteve a empresa no topo da roda da fortuna, que é o mercado dos refrigerantes durante décadas. Mas a pesquisa de mercado está longe de ser uma ciência exata. Os consumidores são cheios de surpresas, e compreendê-los é tarefa muito difícil.

Se a Coca-Cola pode cometer um grande erro em suas pesquisas de mercado, qualquer empresa pode.

Fonte: Stoner JAF, Freeman RE. Administração. Rio de Janeiro: PHB, 1995.

Referências

Cavalcante MF, Silveira, JAG da. Varejo virtual: estratégia de expansão ou ampliação de canal. 2006;9 (2).

Chaffey D, Ellis-Chadwick F. Digital marketing: strategy, implementation and practice. 7ª ed. Harlow: Pearson Education; 2019.

Churchill GA, Peter JP. Marketing: criando valor para os clientes. 2ª ed. São Paulo: Saraiva; 2000.

Cobra M. Marketing de A a Z: 80 conceitos que todo profissional precisa saber. São Paulo: Saraiva; 2012.

Gordon I. Marketing de relacionamento: novas estratégias, técnicas e tecnologias para conquistar clientes e mantê-los para sempre. São Paulo: Makron Books; 1998.

Kotler P. Marketing 3.0: as forças que estão definindo o novo marketing centrado no ser humano. São Paulo: Elsevier; 2010.

Kotler P. Marketing 5.0: Technology for humanity. New York: Willey; 2021.

Kotler P, Kartajaya H, Setiawan I. Marketing 5.0: tecnologia para a humanidade. Rio de Janeiro: Sextante; 2021.

Kotler P, Keller KL. Administração de marketing. 14ª ed. São Paulo: Pearson Prentice Hall; 2012.

Kotler P, Keller KL. Administração de marketing. 14ª ed. São Paulo: Pearson Prentice Hall; 2012.

Kuazaqui E (Organizador e autor) et al. Administração por Competências. São Paulo: Almedina; 2020.

Kuazaqui E (Org.), Haddad H, Marangoni MM. Gestão de Marketing 4.0. Casos, Modelos e Ferramentas. São Paulo: Atlas; 2019.

Kuazaqui E. Marketing – Oportunidades para o desenvolvimento de negócios de uma empresa. Bauru: Viena; 2022.

Las Casas AL. Marketing: conceitos, exercícios, casos. 5ª ed. São Paulo: Atlas; 2001.

Malhotra NK. Pesquisa de marketing: uma orientação aplicada. 6ª ed. Porto Alegre: Bookman; 2012.

McCarthy JE. Basic marketing: a managerial approach. Homewood: Richard D. Irwin; 1960.

Richers R. Segmentação – Alternativas estratégicas para o produto e a empresa no mercado. São Paulo: Makron Books; 1986.

Samara B, Barros EO. Pesquisa de mercado: metodologia, aplicações e estratégias. São Paulo: Saraiva; 2007.

Schmitt BH. Experiential marketing: how to get customers to sense, feel, think, act, relate. New York: Free Press; 1999.

Solomon MR. Comportamento do consumidor: comprando, possuindo e sendo. 11ª ed. Porto Alegre: Bookman; 2016.

Capítulo VI

AVANÇOS E INOVAÇÕES TECNOLÓGICAS: impactos da incorporação da tecnologia no mundo dos negócios

- João Luiz de Souza Lima
- Robson Paz Vieira

A ciência e as novas tecnologias, entrelaçadas em uma dança constante de questionamento e inovações, desafiam-nos a transcender os limites do que conhecemos e a vislumbrar um futuro desconhecido. As últimas décadas até os dias atuais, os avanços e inovações tecnológicas, têm passado por grandes transformações que estão mudando a forma como vivemos no âmbito pessoal e por consequência no mundo dos negócios. Esses avanços transformaram a rotina das organizações, com novos desafios, otimizações e maior desempenho para aplicar corporativamente tudo o que mudou com o avanço da tecnologia e garantir maior confiabilidade, segurança e proteção tanto para a empresa quanto para os clientes.

Resiane Silveira

Objetivos

Os objetivos deste trabalho são analisar os avanços e inovações tecnológicas e seus impactos no mundo dos negócios nas últimas décadas, identificar as tecnologias mais relevantes e demonstrar as melhorias e impactos gerados por elas.

Introdução

Os avanços tecnológicos transformaram profundamente a vida moderna, influenciando a maneira como vivemos, aprendemos, trabalhamos, nos comunicamos e conduzimos negócios. Atualmente, é difícil imaginar a vida pessoal e profissional sem o suporte dessas inovações, o que evidencia o impacto estrutural da tecnologia na sociedade contemporânea.

Tudo mudou e continua mudando. Desde a forma de pedir uma pizza até o modo de se divertir, trabalhar e negociar, estamos constantemente nos adaptando às tecnologias, muitas vezes sem percebermos. Quais tecnologias mudaram sua vida? Quais foram as mais significativas das últimas décadas? Você conhece a profundidade dos impactos gerados em seu negócio, seu público e a maneira como a sociedade conduz suas operações?

O ser humano se vê desafiado a se adaptar a cada nova tecnologia. No entanto, essas adaptações rapidamente se transformaram em integrações, tornando várias tecnologias essenciais para o cotidiano. Décadas atrás surgiram os mapas e as bússolas; hoje, temos *smartphones* com mapas em tempo real na palma de nossas mãos. É possível se imaginar em uma cidade grande sem aplicativos de localização?

Além de gerarem grandes impactos na sociedade, as tecnologias são extremamente importantes para a história, em função das mudanças que geram na vida de pessoas de diferentes culturas e áreas do conhecimento. A significância dessas mudanças depende da forma como são aceitas e utilizadas.

Mas, afinal, quais são e quais foram as novas tecnologias das últimas décadas que geraram ou geram maiores impactos no mundo dos negócios?

Seção 1: História da Inovação Tecnológica

Esta seção demonstra as tecnologias dos últimos 50 anos em uma sequência lógica, apresentando uma jornada emocionante e transformadora que, certamente, trará ainda mais novidades no futuro.

Inovando desde a década de 1970 até os dias atuais, os avanços tecnológicos nas mais diversas áreas têm mudado a forma como vivemos, trabalhamos e nos comunicamos. Esses avanços e seus impactos estão transformando o mundo dos negócios.

A revolução digital começou com o surgimento dos computadores pessoais (PCs) na década de 1970. Modelos como o Altair 8800 e o Apple I são considerados os precursores de uma mudança fundamental na sociedade. Antes restrita a cientistas e pesquisadores, a computação tornou-se acessível a uma grande parcela da população, possibilitando a realização de tarefas mais complexas, como processamento de texto e cálculo, com uma interface amigável.

Enquanto os computadores revolucionavam o processamento de dados, as telecomunicações também passavam por transformações significativas. Na década de 1970, os primeiros telefones móveis foram desenvolvidos. Naquela época, os telefones fixos públicos, os famosos "orelhões", eram muito usados pela população. No entanto, os primeiros telefones móveis eram grandes e caros, não acessíveis a todos em todas as situações.

Na década de 1980, a comunicação móvel começou mais efetivamente, mas era uma exclusividade de uma pequena parcela da população. A evolução dos telefones celulares permitiu que as pessoas se comunicassem em movimento, transformando a maneira como nos conectamos. A década de 1990 marcou a transição para a era dos celulares mais compactos e acessíveis, preparando o terreno para a explosão da comunicação móvel no novo milênio.

Voltando à década de 1980, a popularização dos PCs foi real com o lançamento do IBM PC em 1981. O mercado de *softwares* cresceu exponencialmente, e a computação tornou-se uma ferramenta indispensável, principalmente nas empresas. A internet ainda engatinhava com a criação da Arpanet, pavimentando o percurso para a era digital.

A World Wide Web (WWW) foi criada na década de 1990, transformando a internet em uma plataforma global. O acesso a informações e recursos antes inimagináveis tornou-se possível, provocando mudança na forma de estudo e trabalho. A internet trouxe uma revolução na disseminação de conhecimento, possibilitando o aprendizado *on-line* e o compartilhamento de ideias em escala global.

Mesmo tendo seu estudo iniciado na década de 1950, a inteligência artificial (IA) acelerou seu desenvolvimento na década de 1990, emergindo como uma força transformadora. A aplicação da IA é vasta, desde sistemas especialistas que auxiliam em diagnósticos médicos até assistentes virtuais inteligentes em *smartphones* e casas. Foi possível observar um salto tecnológico sem precedentes na história, avanços que continuam acontecendo.

Nos anos 2000, com a chegada das redes sociais, a comunicação *on-line* revolucionou, movimento já experimentado nos anos 1990 com o Orkut e mensageiros como ICQ, MSN Messenger, mIRC, entre outros. Plataformas como Facebook, Twitter e Instagram permitiram que as pessoas se conectassem com amigos e familiares em todo o mundo. Essas redes sociais se tornaram espaços para compartilhar experiências, expressar ideias e até mesmo influenciar a opinião pública.

Junto a tudo isso, a Internet das Coisas (IoT) também se destaca como um pilar da evolução tecnológica. Dispositivos conectados, como *smartwatches* e eletrodomésticos inteligentes, tornaram-se comuns, proporcionando maior conveniência e personalização nas casas e rotinas diárias das pessoas.

É inegável que os avanços tecnológicos trouxeram mudanças significativas em diversas áreas. Na saúde, a telemedicina ganhou espaço, possibilitando consultas remotas com profissionais e ampliando o acesso a cuidados médicos. Cirurgias podem ser realizadas por robôs operados por médicos a continentes de distância. Chips com IA podem ser implantados no cérebro de pacientes para ajudar a controlar os efeitos do Parkinson, reverter paralisias, entre outros. Marcapassos inteligentes permitem a mudança da velocidade do batimento cardíaco em caso de percepção de mudança físico-química de esforço do portador.

Na logística e transporte, a mobilidade urbana foi reinventada com aplicativos de compartilhamento de carros e bicicletas, além do desenvolvimento de veículos elétricos e tecnologias de condução autônoma. Devemos considerar as possibilidades de gestão de grandes fluxos de veículos por Inteligência Artificial alterando a vida dos grandes centros urbanos. O trabalho remoto também permitiu uma redução nos fluxos urbanos, o que tende a provocar menor poluição e melhor qualidade de vida.

A evolução tecnológica também avançou na busca por sustentabilidade. Soluções verdes, como painéis solares com energia renovável e carros elétricos, ganharam destaque, buscando reduzir o impacto ambiental e preservar o meio ambiente para as atuais e futuras gerações. Novos métodos de despoluição de rios, reflorestamento e controle de queimadas foram criados, permitindo o pensamento em um futuro melhor.

Apesar dos inúmeros benefícios, a rápida evolução tecnológica também apresenta desafios. Questões de privacidade, segurança cibernética e desigualdade digital requerem atenção constante para garantir que as tecnologias sejam usadas de forma ética e inclusiva. Obviamente, muitos desafios só serão notados e sentidos com o passar dos anos. Para a maioria das pessoas, essas questões estão focadas na disseminação das tecnologias, na inteligência artificial, nos temas éticos e na forma como interagimos com a tecnologia e enfrentamos as novidades de um mundo mais conectado.

Atualmente, o mundo está atravessando a chamada 4ª Revolução Industrial, também conhecida por Indústria 4.0. Trata-se de uma expressão que engloba algumas das tecnologias para automação e troca de dados e utiliza ainda, de conceitos de sistemas Ciberfísicos, internet das coisas e computação em nuvem.

Podemos afirmar que a 4ª Revolução Industrial é impulsionada por um conjunto de tecnologias disruptivas, tais como:

- Robótica é a área da engenharia que projeta, desenvolve e opera máquinas programáveis capazes de realizar tarefas com autonomia ou semiautonomia. Ela integra conhecimentos de mecânica, eletrônica, ciência da computação e inteligência artificial, sendo aplicada em setores como indústria, saúde e serviços (Schwab, 2016).
- A Inteligência Artificial refere-se a sistemas computacionais que imitam capacidades humanas como percepção, raciocínio, aprendizado e tomada de decisão. Inclui técnicas como aprendizado de máquina, redes neurais e processamento de linguagem natural (Russell e Norvig, 2022).
- Realidade Aumentada – é uma tecnologia interativa que funde elementos virtuais ao ambiente físico por meio de dispositivos móveis ou *wearables*, promovendo uma experiência enriquecida do mundo real (Milgram e Kishino, 1994).
- Big Data envolve métodos e tecnologias voltados à gestão e análise de grandes volumes de dados, estruturados ou não, produzidos com alta velocidade e diversidade, permitindo *insights* estratégicos para as organizações (Mayer-Schönberger e Cukier, 2013).
- Nanotecnologia é o estudo e aplicação de materiais e dispositivos em escala nanométrica (um bilionésimo de metro), possibilitando a criação de estruturas com propriedades físicas, químicas e biológicas inovadoras. Tem aplicações em medicina, eletrônica, energia e meio ambiente (Bhushan, 2017).
- Impressão 3D – a manufatura aditiva, mais conhecida como impressão 3D, possibilita a criação de objetos físicos por meio da deposição camada a camada de materiais com base em um modelo digital, promovendo flexibilidade e inovação na produção (Gibson et al., 2021).
- Biologia sintética é um campo interdisciplinar que combina biologia, engenharia e ciência da computação para projetar e construir organismos

ou componentes biológicos com funções específicas. Suas aplicações incluem a produção de medicamentos, biocombustíveis e soluções ambientais (Andrianantoandro et al., 2006).

- Internet das Coisas – representa a integração de dispositivos físicos à rede mundial, permitindo que comuniquem dados entre si e promovam automação e controle remoto (Atzori, Iera e Morabito, 2010).

Segundo Christensen (2011), tecnologias disruptivas são inovações que criam novos mercados e modelos de negócio, tornando obsoletos produtos e soluções tradicionais.

Seção 2: Qual Importância das Novas Tecnologias

As novas tecnologias são essenciais para o desenvolvimento da sociedade e dos negócios. Elas transformam a rotina organizacional, otimizando processos, ampliando o desempenho e garantindo maior confiabilidade, segurança e proteção para empresas e clientes. Tornaram-se indispensáveis no cotidiano, mudando a forma como vivemos, trabalhamos, aprendemos, nos comunicamos e fazemos negócios. Sua importância reside na promoção da inovação, aumento da produtividade, facilitação da comunicação global, acesso rápido à informação, criação de novos mercados e oportunidades, além de melhorar a qualidade de vida das pessoas. É difícil imaginar a vida sem tecnologias, desde ações simples como pedir uma pizza até negociações corporativas.

As novas tecnologias permitem que cada vez mais dispositivos, equipamentos e objetos sejam conectados uns aos outros por meios digitais e da Internet. Algumas dessas inovações estão em sua fase inicial e ainda não mostraram todo o seu potencial.

Seção 3: Novas Tecnologias e o Que Esperar para o Futuro

O futuro das novas tecnologias aponta para uma integração ainda maior entre o mundo físico e digital. Tendências como inteligência artificial, Internet das Coisas (IoT), computação em nuvem, *blockchain*, biotecnologia e soluções sustentáveis devem ganhar espaço. Espera-se que essas inovações tragam soluções para desafios globais, como sustentabilidade, saúde, mobilidade urbana e educação. A tecnologia tende a ser cada vez mais personalizada, acessível e presente no cotidiano, exigindo atualização constante de empresas e profissionais. O avanço tecnológico também intensificará discussões sobre ética, privacidade e inclusão digital, tornando fundamental o desenvolvimento de políticas responsáveis para o uso dessas ferramentas.

As novas tecnologias vão impactar o futuro da humanidade, porém, elas não se definem apenas por ações organizadas de forma isolada, mas pela convergência e sinergia entre elas.

Seção 4: Impactos das Inovações Tecnológicas

As inovações tecnológicas impactam profundamente diversos setores, transformando rotinas, modelos de negócio e relações sociais. Entre os principais impactos estão:

- Mudanças na forma de trabalhar, estudar, se comunicar e negociar.
- Surgimento de novos mercados, produtos e profissões.
- Aumento da produtividade e eficiência operacional.
- Melhoria na qualidade de vida, com avanços em saúde (telemedicina, cirurgias robóticas, chips com IA, marcapassos inteligentes), mobilidade (aplicativos de transporte, veículos autônomos) e sustentabilidade (painéis solares, carros elétricos, métodos de despoluição, reflorestamento).
- Desafios relacionados a privacidade, segurança da informação e desigualdade digital.

Na chamada Indústria 4.0, há uma cadeia produtiva totalmente conectada e integrada – a chamada manufatura avançada –, na qual os processos empresariais são adaptáveis às necessidades de produção, os recursos são usados com maior eficiência (usando menos energia) e os produtos são customizados de acordo com a necessidade do cliente, ou seja, cada pedido é único e personalizado.

Apesar dos benefícios, a rápida evolução tecnológica apresenta desafios como privacidade, segurança cibernética e desigualdade digital, exigindo atenção constante para garantir o uso ético e inclusivo das tecnologias.

Considerações Finais

Os avanços e inovações tecnológicas das últimas décadas transformaram profundamente a sociedade e o mundo dos negócios. A incorporação de tecnologias como computadores pessoais, internet, inteligência artificial, redes sociais, Internet das Coisas (IoT) e soluções sustentáveis alterou processos, modelos de negócio e a forma como as empresas se relacionam com clientes e parceiros. Essas mudanças trouxeram benefícios como aumento de produtividade, maior conectividade, acesso facilitado à informação, novas oportunidades de mercado e melhorias em áreas como saúde, logística e sustentabilidade ambiental.

No entanto, também surgiram desafios importantes, como questões de privacidade, segurança cibernética, desigualdade digital e dilemas éticos relacionados ao uso da tecnologia. O cenário atual exige adaptação constante, atualização de competências e reflexão sobre o uso responsável das inovações, de modo a garantir que os benefícios sejam amplamente distribuídos e os riscos minimizados.

Vale ressaltar que as empresas do século XXI adeptas ao fomento das novas tecnologias devem se concentrar na promoção do Desenvolvimento Sustentável, promovendo assim o chamado "Tripé da Sustentabilidade", que inclui simultaneamente: (1) desenvolvimento econômico, (2) preservação ambiental e (3) responsabilidade social. Além disso, as empresas contemporâneas devem ser defensoras do ESG (*Environmental, Social and Governance*), o qual corresponde às práticas ambientais, sociais e de governança ética de uma organização.

As novas tecnologias têm sido determinantes para a evolução dos negócios. Sua adoção não pode ocorrer de forma dissociada de práticas sustentáveis e éticas. A promoção do tripé da sustentabilidade (econômica, ambiental e social), somada às diretrizes de ESG, é essencial para que as empresas prosperem em um cenário de transformação contínua.

Discussão

Como as empresas podem equilibrar a adoção de novas tecnologias com a necessidade de garantir ética, segurança e inclusão digital em um cenário de transformações tão rápidas?

Estratégias podem incluir a implementação de políticas de governança de dados, investimento em educação digital e fomento à pesquisa responsável.

Segue uma seleção de estudos de caso sobre a incorporação de inovações tecnológicas em diferentes setores em consonância com as informações apresentadas no artigo:

Inovações em Processos em uma Empresa de Contabilidade

Estudo realizado em uma empresa de contabilidade em Natal/RN analisou os benefícios das inovações em processos por meio do uso de sistemas de informação e tecnologia da informação. O estudo, de abordagem qualitativa, identificou que a adoção de sistemas informatizados trouxe ganhos significativos em eficiência, agilidade e qualidade dos serviços prestados.

Entre os principais benefícios observados estão:

- Otimização do tempo e redução de erros operacionais.
- Melhoria no controle e organização das informações.
- Maior capacidade de análise e tomada de decisão baseada em dados.
- Aumento da satisfação dos clientes devido à agilidade no atendimento.

Este caso evidencia que a inovação em processos, apoiada por tecnologia, é fundamental para a sustentabilidade e competitividade das empresas, especialmente em setores que lidam com grandes volumes de dados e exigem precisão e confiabilidade.

Indústria – Manufatura Avançada e Indústria 4.0

Uma fábrica de autopeças implementou sensores conectados por Internet das Coisas (IoT) em suas linhas de montagem. Com isso, passou a monitorar em tempo real o desempenho das máquinas e a prever falhas antes que ocorressem. O uso de análise de dados (Big Data) permitiu reduzir paradas não programadas em 30% e aumentar a produtividade em 20%. Além disso, a customização de produtos tornou-se viável, atendendo pedidos personalizados com maior eficiência.

Varejo – Inteligência Artificial no Atendimento ao Cliente

Uma grande rede de supermercados adotou *chatbots* com inteligência artificial para atendimento ao cliente em seus canais digitais. O sistema automatizou respostas a dúvidas frequentes, orientou sobre promoções e auxiliou no rastreamento de pedidos. O tempo médio de resposta reduziu em 60%, e a satisfação dos clientes aumentou, liberando a equipe humana para demandas mais complexas.

Telemedicina e Diagnóstico Remoto

Durante a pandemia, um hospital de referência implementou plataformas de telemedicina para consultas remotas. Pacientes puderam acessar especialistas sem sair de casa, ampliando o acesso à saúde e reduzindo filas presenciais. A instituição também utilizou inteligência artificial para triagem de exames, acelerando diagnósticos de doenças como Covid-19 e câncer, com maior precisão e agilidade.

Logística – Roteirização Inteligente e Sustentabilidade

Uma empresa de logística nacional adotou um sistema de roteirização inteligente baseado em IA, que calcula as rotas mais eficientes para entregas urbanas. O resultado foi a redução do consumo de combustível e das emissões de CO_2, além de entregas mais rápidas e redução de custos operacionais. A empresa também implementou veículos elétricos em parte da frota, alinhando-se às metas de sustentabilidade.

Educação – Plataformas de Aprendizagem Digital

Uma universidade privada desenvolveu uma plataforma de aprendizagem digital personalizada, utilizando algoritmos para adaptar o conteúdo conforme o desempenho e perfil dos alunos. A evasão escolar diminuiu em 15% e o engajamento aumentou significativamente, com recursos como gamificação, fóruns interativos e *feedback* automatizado.

Esses exemplos ilustram como diferentes setores têm incorporado tecnologias disruptivas para otimizar processos, melhorar a experiência do cliente, promover sustentabilidade e aumentar a competitividade, alinhando-se aos desafios e oportunidades destacados no artigo.

Referências

Accenture. How AI is revolutionizing the retail experience. Accenture Insights, 2023. Andrianantoandro E, Basu S, Karig DK, Weiss R. Synthetic biology: new engineering rules for an emerging discipline. Mol Syst Biol. 2006;2:2006.0028.

Atzori L, Iera A, MorabitO G. The internet of things: a survey. Computer Networks. 2010;54(15):2787-805.

Brasil. Ministério da Ciência, Tecnologia e Inovação. Estratégia Brasileira para a Transformação Digital. Brasília: MCTI; 2018.

Bhushan B. Springer Handbook of Nanotechnology. 4ª ed. Cham: Springer; 2017. Christensen CM. O dilema da inovação: quando as novas tecnologias levam empresas ao fracasso. M. Books; 2011.

Gibson I, Rosen D, Stucker B. Additive Manufacturing Technologies: 3D Printing, Rapid Prototyping, and Direct Digital Manufacturing. 3ª ed. Cham: Springer; 2021.

Organização para a Cooperação e Desenvolvimento Econômico (OCDE). The Digital Transformation of SMEs. Paris: OECD Publishing; 2021.

McKinsey & Company. The future of logistics: AI-driven optimization. McKinsey Report; 2022.

Milgram P, Kishino F. A taxonomy of mixed reality visual displays. IEICE Transactions on Information and Systems. 1994;E77-D(12):1321-9.

Mayer-Schönberger V, Cukier K. Big Data: como extrair volume, variedade, velocidade e valor da avalanche de informações cotidianas. Rio de Janeiro: Elsevier; 2013.

Paula LPD, Danjour MF, Medeiros BC, Añez MEM. Inovações em processos de tecnologia: um estudo de caso em uma empresa de contabilidade da cidade do Natal/RN. HOLOS, Ano 31, Vol. 6, 2015[3].

Russell S, Norvig P. Inteligência Artificial. 4ª ed. Rio de Janeiro: Elsevier; 2022.

Schwab KM. A Quarta Revolução Industrial. São Paulo: EDIPRO; 2016.

Souza DL de, Souza TA de; Zambalde AL. Pesquisa acadêmica e avanços em Ciência, Tecnologia e Inovação (CT&I): uma proposta de aproximação pela Design Science. Cad. EBAPE. BR, v. 18, nº 3, Rio de Janeiro, Jul./Set. 2020[4].

UNESCO. Digital learning and education in the 21st century. Paris: UNESCO; 2023. World Economic Forum. The Future of Jobs Report 2023. Disponível em: [site do WEF]. Acesso em: 02 jul. 2025.

Capítulo VII

DESAFIOS NA GESTÃO PÚBLICA: papel da governança e da eficiência nos serviços públicos

- Cleber Suckow Nogueira
- João Pinheiro de Barros Neto

O importante para o governo não é fazer coisas que os indivíduos já estão fazendo, e fazê-las um pouco melhor ou um pouco pior; mas fazer aquelas coisas que no momento não são feitas de forma alguma.

John Maynard Keynes (1926, p. 46)

Objetivos

- Analisar os principais desafios enfrentados pela gestão pública no Brasil contemporâneo.
- Discutir o papel da governança e da eficiência na melhoria dos serviços públicos.
- Refletir sobre a realidade local como expressão das dificuldades estruturais da administração pública.
- Apresentar evidências e boas práticas de gestão pública eficiente com impacto social positivo.
- Propor caminhos e estratégias para o fortalecimento do papel transformador do administrador público.

Introdução

A administração pública brasileira tem enfrentado, desde a promulgação da Constituição de 1988, um processo contínuo de transformação, impulsionado pela consolidação de novos paradigmas de governança, pela ampliação da participação cidadã e pela crescente demanda por eficiência na prestação dos serviços públicos. Em um cenário marcado por restrições orçamentárias, rigidez normativa e complexidade social, os gestores públicos são desafiados a desenvolver competências técnicas, visão estratégica e compromisso ético com o bem comum.

Nesse contexto, o papel do administrador profissional ganha centralidade. Mais do que ocupar cargos de direção, o administrador público é chamado a liderar processos de mudança, articular políticas intersetoriais, promover a inovação institucional e garantir que os recursos públicos sejam aplicados com responsabilidade e impacto social. A gestão pública contemporânea exige não apenas a execução de políticas, mas a capacidade de transformar realidades locais por meio de práticas baseadas em evidências, planejamento, transparência e controle social.

Este capítulo foi construído com base em referências teóricas e empíricas relevantes da área de Administração Pública, mas, sobretudo, a partir da vivência prática dos autores, que somam quase 70 anos de experiência no setor público. Essa trajetória compartilhada permitiu uma análise crítica e aplicada dos desafios enfrentados pela gestão pública brasileira, bem como a proposição de caminhos concretos para o fortalecimento da governança, da eficiência e da valorização do papel do administrador como agente de transformação social.

A análise foi organizada em quatro seções principais. A primeira discute os fundamentos da governança e da eficiência na gestão pública. A segunda examina como a realidade local reflete os desafios nacionais. A terceira apresenta lições e evidências sobre o impacto de uma gestão pública eficiente na vida das pessoas. A quarta seção propõe caminhos para o futuro, destacando o papel do administrador público como agente de transformação.

Governança e Eficiência na Gestão Pública

A governança pública tem se consolidado como um conceito-chave para a modernização do Estado e a qualificação da gestão pública. Ela envolve a articulação de instituições, processos, normas e práticas que asseguram a direção estratégica, a coordenação entre atores e a prestação de contas à sociedade. Em um ambiente cada vez mais complexo e interdependente, a boa governança exige transparência, participação social, integridade e capacidade de resposta. Esses elementos são fundamentais para fortalecer a confiança nas instituições públicas e garantir que as decisões governamentais estejam alinhadas com o interesse coletivo (Matias-Pereira, 2010).

A eficiência, por sua vez, refere-se à capacidade de utilizar os recursos públicos de forma racional, maximizando os resultados e minimizando desperdícios. No setor público, ser eficiente não significa apenas cortar custos, mas entregar valor à sociedade por meio de serviços acessíveis, de qualidade e com impacto mensurável. A integração entre governança e eficiência permite que a administração pública atue de forma mais estratégica, orientada por evidências e comprometida com a geração de valor público. Nesse contexto, o administrador profissional desempenha um papel essencial ao aplicar conhecimentos técnicos e éticos na formulação, implementação e avaliação de políticas públicas que respondam às demandas sociais com responsabilidade e inovação.

Conceitos fundamentais: governança, eficiência e *accountability*

A governança pública é um conceito que transcende a simples administração de recursos e processos. Ela se refere à capacidade do Estado de conduzir políticas e serviços de forma coordenada, transparente e orientada ao interesse coletivo. Envolve a articulação entre diferentes níveis de governo, setores da sociedade e instituições, promovendo a cooperação, a participação cidadã e a responsabilização. A boa governança pressupõe mecanismos de controle, canais de diálogo e estruturas decisórias que favoreçam a legitimidade das ações públicas e a confiança da população nas instituições (Barros Neto, 2004).

A eficiência, por sua vez, é um princípio que orienta a gestão pública para o uso racional dos recursos disponíveis, com foco na entrega de resultados concretos à sociedade. No setor público, ser eficiente não significa apenas reduzir custos, mas sim otimizar processos, melhorar a qualidade dos serviços e ampliar o acesso da população às políticas públicas. A eficiência está diretamente relacionada à capacidade de planejamento, à gestão por resultados e à adoção de tecnologias e práticas inovadoras que aumentem o desempenho institucional (Paludo, 2017).

A *accountability*, ou responsabilização, é um elemento central da governança democrática. Ela diz respeito à obrigação dos gestores públicos de prestar contas de suas decisões, ações e resultados, tanto aos órgãos de controle quanto à sociedade. A *accountability* envolve transparência na gestão, acesso à informação, mecanismos de controle social e instrumentos de avaliação que permitam à população acompanhar e influenciar a atuação do Estado. Quando bem estruturada, fortalece a cultura de integridade e combate à impunidade, contribuindo para a melhoria da qualidade da administração pública (Alves, 2021).

Esses três conceitos, governança, eficiência e *accountability*, estão interligados e formam a base de uma gestão pública moderna e orientada ao valor público. A governança estabelece os princípios e estruturas de coordenação; a eficiência garante que os recursos sejam utilizados com inteligência e impacto; e a *accountability* assegura que os gestores sejam responsáveis por suas ações e decisões. Juntos, esses elementos criam um ambiente institucional mais robusto, capaz de responder aos desafios contemporâneos com legitimidade, eficácia e justiça social.

No contexto brasileiro, a consolidação desses princípios ainda enfrenta obstáculos significativos, como a fragmentação institucional, a baixa capacidade técnica em alguns entes federativos e a cultura de improviso que historicamente marcou a gestão pública. No entanto, experiências bem-sucedidas em diversos municípios e estados mostram que é possível avançar na construção de uma administração pública mais profissional, eficiente e comprometida com o bem comum, especialmente quando há gestores capacitados, planejamento estratégico e envolvimento da sociedade civil.

A gestão pública contemporânea enfrenta o desafio de equilibrar eficiência administrativa com a promoção de políticas públicas que respondam às complexas demandas sociais. Tradicionalmente, o Estado tem sido concebido como um agente regulador, responsável por corrigir falhas de mercado e garantir a provisão de bens e serviços essenciais. No entanto, essa visão limitada tem sido progressivamente questionada por abordagens que reconhecem o potencial transformador do setor público.

Nesse contexto, Mazzucato (2014) propõe uma reinterpretação crítica do papel do Estado na economia, desafiando a dicotomia convencional entre setor público e setor privado. A autora argumenta que o Estado, longe de ser um mero agente regulador, tem historicamente desempenhado um papel central como catalisador de inovações tecnológicas e transformações estruturais. Ao assumir riscos que o setor privado tende a evitar, o Estado pode atuar como um agente empreendedor, investindo em áreas estratégicas e fomentando ecossistemas de inovação. Essa perspectiva impõe novos desafios à gestão pública, exigindo modelos de governança mais dinâmicos, transparentes e orientados por missões, capazes de articular eficiência administrativa com a promoção do bem-estar coletivo e do desenvolvimento sustentável.

Modelos de gestão pública: burocrático, gerencial e governança colaborativa

A gestão pública brasileira foi historicamente marcada pelo modelo burocrático, estruturado a partir de princípios como hierarquia, impessoalidade, legalidade e controle formal dos processos. Inspirado nas ideias de Max Weber (2020, 2022), esse modelo buscou garantir estabilidade, previsibilidade e igualdade de tratamento na administração estatal. No entanto, com o passar do tempo, a rigidez excessiva, a lentidão dos procedimentos e a baixa orientação para resultados revelaram limitações significativas, especialmente diante das demandas crescentes da sociedade por serviços públicos mais ágeis e eficazes.

Em resposta a essas limitações, emergiu o modelo gerencial, especialmente a partir da Reforma do Estado nos anos 1990. Influenciado pelas práticas da administração privada, esse modelo introduziu conceitos como eficiência, produtividade, descentralização e gestão por resultados. A proposta era tornar o Estado mais enxuto, estratégico e orientado ao desempenho, com foco na qualidade dos serviços e na satisfação do cidadão. Embora tenha promovido avanços importantes, o modelo gerencial também enfrentou críticas por sua ênfase excessiva em métricas quantitativas e pela dificuldade de adaptação às especificidades do setor público.

Mais recentemente, tem ganhado espaço o modelo de governança colaborativa, que propõe uma abordagem mais integrada, participativa e orientada à construção de valor público. Nesse modelo, o Estado atua como articulador de redes, envolvendo diferentes atores, governo, sociedade civil, setor privado e academia, na formulação e implementação de políticas públicas. A governança colaborativa valoriza o diálogo, a transparência, a coprodução de soluções e o fortalecimento dos mecanismos de controle social, reconhecendo que os desafios públicos exigem respostas coletivas e intersetoriais.

A transição entre esses modelos não ocorre de forma linear ou uniforme, e muitos contextos ainda convivem com práticas burocráticas, gerenciais e colaborativas simultaneamente. No entanto, compreender essas abordagens é essencial para que o administrador público possa atuar com consciência crítica, adaptando estratégias às realidades locais e promovendo uma gestão mais eficaz, democrática e inovadora. A profissionalização da administração pública passa, portanto, pelo domínio desses modelos e pela capacidade de integrá-los de forma inteligente e contextualizada.

Indicadores de desempenho e avaliação de políticas públicas

A utilização de indicadores de desempenho é fundamental para a avaliação eficaz das políticas públicas, especialmente em contextos que envolvem iniciativas de extensão universitária com foco em empreendedorismo social. Esses indicadores permitem mensurar resultados, identificar gargalos operacionais e orientar a tomada de decisões com base em evidências. Ao estabelecer métricas claras e alinhadas aos objetivos estratégicos, a gestão pública pode aprimorar a transparência, a *accountability* e a eficiência na alocação de recursos.

A avaliação de políticas públicas, por sua vez, vai além da simples verificação de metas cumpridas. Trata-se de um processo contínuo e sistemático que envolve análise de contexto, monitoramento de processos, mensuração de impactos e retroalimentação das ações. Em projetos de extensão, essa avaliação é essencial para garantir que as intervenções estejam de fato promovendo transformação social, respeitando as especificidades dos territórios e das populações envolvidas.

Nesse sentido, a integração entre sociedade e órgãos públicos pode potencializar a construção de indicadores mais sensíveis às realidades locais, incorporando dimensões qualitativas e participativas. A escuta ativa das comunidades, aliada à análise técnica, contribui para a formulação de políticas mais responsivas e adaptadas às demandas sociais. Além disso, a participação da sociedade civil nesse processo fortalece a formação cidadã e crítica.

É importante destacar ainda que a adoção de indicadores e mecanismos de avaliação não deve ser vista como um fim em si mesmo, mas como uma ferramenta de aprendizagem institucional. A cultura avaliativa, quando bem implementada, promove a melhoria contínua das políticas públicas, estimulando a inovação, a colaboração intersetorial e a sustentabilidade das ações (Altounian et al., 2020). Assim, a avaliação torna-se um instrumento estratégico para a governança pública orientada por resultados e comprometida com a justiça social.

Realidade local como reflexo dos desafios da gestão pública no Brasil

A gestão pública no Brasil enfrenta desafios históricos relacionados à desigualdade regional, à escassez de recursos, à baixa profissionalização da máquina administrativa e à descontinuidade de políticas públicas. Esses obstáculos tornam ainda mais urgente a consolidação de modelos de gestão que combinem eficiência, legalidade, planejamento e compromisso com o interesse coletivo.

No âmbito municipal, esses desafios se manifestam com intensidade: é nos municípios que a população busca, em primeiro lugar, o atendimento de suas necessidades básicas, como saúde, educação, mobilidade urbana, segurança, habitação e saneamento. A proximidade com o cidadão, no entanto, não garante a eficácia da atuação pública se não houver capacidade gerencial, estrutura administrativa adequada e um projeto de longo prazo.

A realidade dos municípios brasileiros revela, de forma concreta, os principais desafios enfrentados pela gestão pública no País. É nas cidades que as políticas públicas se materializam e onde as demandas da população se tornam mais visíveis e urgentes. No entanto, muitos governos locais operam com estruturas administrativas frágeis, baixa capacidade técnica e recursos financeiros limitados, o que compromete a efetividade das ações governamentais. A descentralização de competências, sem o devido fortalecimento institucional, tem ampliado as desigualdades regionais e exposto a vulnerabilidade de grande parte dos entes subnacionais.

Além das limitações estruturais, os gestores locais enfrentam obstáculos relacionados à burocracia excessiva, à fragmentação das políticas públicas e à dificuldade de articulação entre os diferentes níveis de governo. A ausência de planejamento de longo prazo, somada à descontinuidade administrativa e à baixa profissionalização da gestão, contribui para a ineficiência dos serviços públicos e para a insatisfação da população. Nesse contexto, a governança local torna-se um campo estratégico para a superação desses entraves, exigindo lideranças capacitadas, mecanismos de participação social e uma cultura organizacional orientada a resultados.

Apesar dos desafios, diversas experiências municipais demonstram que é possível promover transformações significativas por meio de uma gestão pública eficiente, ética e inovadora. Casos como o de Praia Grande, no litoral paulista, que discutiremos ao final deste capítulo, evidenciam como o investimento em planejamento estratégico, descentralização administrativa, uso de tecnologias e aproximação com a comunidade pode gerar impactos positivos e duradouros (Silva, 2021). Essas experiências reforçam a importância de valorizar o papel do administrador público como agente de mudança e de fortalecer as capacidades institucionais locais como condição para o desenvolvimento sustentável e a promoção da cidadania.

Desigualdades regionais e capacidade institucional dos entes federativos

O Brasil é marcado por profundas desigualdades regionais que se refletem diretamente na capacidade de gestão dos entes federativos. Municípios e estados apresentam níveis muito distintos de desenvolvimento econômico, infraestrutura, acesso a serviços públicos e qualificação técnica de seus quadros administrativos. Essa heterogeneidade compromete a equidade na implementação de políticas públicas e dificulta a consolidação de um padrão nacional de qualidade na prestação de serviços essenciais, como saúde, educação, saneamento e mobilidade urbana.

A capacidade institucional, entendida como o conjunto de recursos humanos, técnicos, financeiros e organizacionais disponíveis para a formulação e execução de políticas públicas, é um fator determinante para o desempenho dos governos locais. Municípios com baixa arrecadação própria, dependência de transferências intergovernamentais e carência de servidores qualificados enfrentam maiores dificuldades para planejar, executar e avaliar suas ações. Além disso, a ausência de sistemas de informação integrados, de cultura de planejamento e de mecanismos de controle interno fragiliza a governança local e aumenta a vulnerabilidade a práticas ineficientes ou clientelistas.

Superar essas desigualdades exige uma abordagem federativa mais cooperativa e solidária, com políticas de fortalecimento institucional voltadas especialmente aos entes subnacionais mais frágeis. Investimentos em capacitação técnica, modernização administrativa, consórcios intermunicipais e incentivos à inovação podem contribuir para reduzir as assimetrias e ampliar a efetividade das políticas públicas em todo o território nacional. Nesse processo, o administrador público tem papel estratégico ao liderar iniciativas de transformação institucional e ao promover uma gestão mais profissional, transparente e orientada ao desenvolvimento local sustentável.

Barreiras estruturais: financiamento, recursos humanos e tecnologia

Um dos principais entraves à efetividade da gestão pública no Brasil é a limitação do financiamento público, especialmente nos municípios de pequeno e médio porte. A elevada dependência de transferências intergovernamentais, aliada à baixa capacidade de arrecadação própria, compromete a autonomia financeira dos entes subnacionais e restringe sua capacidade de investimento. Além disso, a rigidez orçamentária imposta por vinculações legais e despesas obrigatórias reduz a margem de manobra dos gestores para implementar políticas públicas inovadoras ou adaptadas às realidades locais.

Outro desafio estrutural diz respeito à gestão de pessoas no setor público. Muitos municípios enfrentam carência de servidores qualificados, alta rotatividade de cargos comissionados e ausência de planos de carreira estruturados. A desvalorização da formação técnica e a politização dos processos de recrutamento e seleção comprometem a profissionalização da administração pública. Sem equipes capacitadas e motivadas torna-se difícil garantir a continuidade das políticas públicas, a qualidade dos serviços prestados e a adoção de práticas de gestão baseadas em evidências.

A defasagem tecnológica também representa uma barreira significativa à modernização da gestão pública. A ausência de sistemas integrados de informação, a baixa digitalização de processos e a dificuldade de acesso a ferramentas de análise de dados limitam a capacidade dos gestores de planejar, monitorar e avaliar suas ações. Em um contexto de transformação digital acelerada, a falta de infraestrutura tecnológica e de cultura de inovação impede que o setor público acompanhe as mudanças sociais e atenda às expectativas da população por serviços mais ágeis, acessíveis e personalizados.

Superar essas barreiras estruturais exige uma abordagem sistêmica e integrada, que combine investimentos em capacitação, modernização administrativa e fortalecimento da capacidade fiscal dos entes federativos. A atuação do administrador público é fundamental nesse processo, tanto na formulação de estratégias de superação desses gargalos quanto na articulação de parcerias e redes de cooperação que ampliem os recursos disponíveis e promovam soluções inovadoras. A construção de uma gestão pública mais eficiente e responsiva passa, necessariamente, pelo enfrentamento dessas limitações históricas.

Casos ilustrativos de municípios e estados brasileiros

A avaliação de políticas públicas tem se mostrado uma ferramenta essencial para o aprimoramento da gestão pública em diferentes esferas federativas no Brasil. Um exemplo positivo é o caso do estado do Ceará, que implementou um robusto sistema de avaliação na área da educação, com destaque para o Programa de Alfabetização na Idade Certa (PAIC). A iniciativa, baseada em indicadores de desempenho e metas pactuadas com os municípios, resultou em avanços significativos nos índices de alfabetização e no IDEB (Índice de Desenvolvimento da Educação Básica), sendo reconhecida nacionalmente como uma política pública bem-sucedida (Almeida e Paula, 2014).

Outro caso de destaque é o município de Belo Horizonte, que desenvolveu um sistema de monitoramento e avaliação das políticas de assistência social, com base em dados integrados e participação social. A experiência permitiu maior transparência na gestão dos recursos e melhor direcionamento das ações, além de fortalecer o controle social e a capacidade de resposta da administração municipal às demandas da população vulnerável (Resende, 2014).

Por outro lado, há experiências que evidenciam fragilidades na implementação de avaliações eficazes. Um exemplo negativo é o caso do estado do Rio de Janeiro, que enfrentou dificuldades na avaliação de políticas habitacionais voltadas à população de baixa renda. A ausência de indicadores claros, a descontinuidade administrativa e a falta de articulação entre os entes federativos comprometeram a efetividade dos programas, resultando em moradias inacabadas, baixa ocupação e insatisfação dos beneficiários.

Esses casos ilustram a importância de institucionalizar a cultura da avaliação nas administrações públicas, com metodologias consistentes, participação social e uso estratégico dos resultados. A comparação entre experiências bem-sucedidas e malconduzidas reforça a necessidade de planejamento, capacitação técnica e compromisso político para que a avaliação de políticas públicas contribua efetivamente para a melhoria da qualidade dos serviços prestados à população.

Lições e evidências: impacto da gestão pública eficiente na vida das pessoas

O objetivo final da gestão pública não é o funcionamento da máquina administrativa em si, mas a promoção do bem-estar social, a garantia de direitos e o desenvolvimento humano. Uma administração pública eficiente deve ser avaliada por sua capacidade de transformar positivamente a realidade da população, com base em evidências mensuráveis, e não apenas por intenções ou discursos.

Como enfatiza Fernando Coelho (2020, p. 112), professor da USP e especialista em administração pública municipal, "a boa governança pública se expressa nos resultados concretos entregues à sociedade: escolas funcionando, unidades de saúde bem equipadas, espaços públicos limpos, contas em dia e políticas públicas que gerem impacto".

Experiências bem-sucedidas de gestão pública em diferentes contextos demonstram que a eficiência administrativa, aliada à boa governança, pode gerar transformações significativas na vida cotidiana da população. Municípios que investem em planejamento estratégico, qualificação de servidores, digitalização de serviços e mecanismos de escuta ativa da sociedade conseguem ampliar o acesso a direitos, reduzir desigualdades e fortalecer a confiança nas instituições públicas. Essas evidências reforçam a importância de uma administração pública orientada por resultados concretos, mas também sensível às especificidades locais e comprometida com a promoção da dignidade humana.

Papel da inovação e da transformação digital

A inovação e a transformação digital têm se consolidado como pilares estratégicos para a modernização da gestão pública, promovendo maior eficiência, transparência e participação cidadã. No contexto da extensão universitária, essas ferramentas ampliam as possibilidades de atuação social, permitindo o uso de plataformas digitais para diagnóstico de demandas, acompanhamento de projetos e disseminação de conhecimento. A digitalização de processos também favorece a integração entre universidade, governo e sociedade civil, criando ecossistemas colaborativos mais dinâmicos e responsivos (Isidro, 2020).

A adoção de tecnologias digitais na gestão pública, como sistemas de informação, inteligência artificial e análise de dados, tem potencial para transformar a forma como políticas públicas são formuladas, implementadas e avaliadas. Essas inovações permitem decisões mais ágeis e baseadas em evidências, além de facilitar o monitoramento em tempo real de indicadores de desempenho. No âmbito dos projetos de extensão, isso se traduz em maior capacidade de mensurar impactos sociais, adaptar estratégias e promover soluções mais eficazes para os desafios enfrentados pelas comunidades atendidas (Silva, 2022).

Entretanto, a transformação digital exige mais do que infraestrutura tecnológica: requer mudanças culturais, capacitação de servidores e compromisso institucional com a inovação. É fundamental que as universidades e os gestores públicos compreendam a tecnologia como meio e não como fim, priorizando o uso ético, inclusivo e orientado ao bem comum. Quando bem conduzida, a transformação digital fortalece a governança pública e potencializa o papel da extensão universitária como agente de desenvolvimento social e inovação cidadã.

Avaliação de resultados e percepção cidadã

A avaliação de resultados é uma ferramenta essencial para a gestão pública orientada à eficiência e à geração de valor público. Ela permite mensurar o desempenho das políticas, programas e serviços, identificando o que funciona, o que precisa ser ajustado e quais impactos estão sendo produzidos na vida da população. A adoção de indicadores claros, metas realistas e sistemas de monitoramento contínuo fortalece a capacidade do Estado de tomar decisões baseadas em evidências, promovendo maior racionalidade na alocação de recursos e maior efetividade nas ações governamentais (Barros Neto e Silva, 2014).

No entanto, a avaliação técnica por si só não é suficiente. A percepção cidadã sobre os serviços públicos desempenha um papel igualmente relevante na construção da legitimidade da gestão. A forma como os cidadãos vivenciam o atendimento em uma unidade de saúde, a qualidade do transporte público ou a segurança nos espaços urbanos influencia diretamente sua confiança nas instituições e sua disposição para colaborar com o poder público. Por isso, é fundamental que os gestores públicos incorporem mecanismos de escuta ativa, como pesquisas de satisfação, ouvidorias e conselhos participativos, como parte integrante do processo de avaliação.

A integração entre avaliação de resultados e percepção cidadã contribui para uma gestão mais responsiva, transparente e centrada nas necessidades reais da população. Quando os dados quantitativos são combinados com o olhar qualitativo dos usuários dos serviços, a administração pública ganha uma visão mais completa da realidade e pode ajustar suas estratégias com maior precisão. Essa abordagem fortalece a *accountability*, amplia o controle social e reafirma o compromisso do administrador público com a entrega de resultados que façam sentido para a sociedade.

Caminhos para o futuro: administrador público como agente de transformação

A consolidação de uma administração pública eficiente e centrada no cidadão depende, em grande medida, da atuação qualificada de seus quadros técnicos e gestores. Nesse contexto, o administrador público assume um papel estratégico na formulação, condução e avaliação de políticas públicas voltadas à geração de valor social. Sua atuação deve ser orientada por princípios éticos, visão sistêmica e compromisso com o bem comum.

Como destaca Henry Mintzberg et al. (2000, p. 17), a administração é, antes de tudo, uma prática social. "Administrar é conectar pessoas, propósitos e processos; é dar sentido coletivo ao trabalho público. O bom administrador não opera sozinho, ele constrói redes, inspira equipes e pensa estrategicamente a partir da realidade concreta". Essa perspectiva reforça a importância de habilidades interpessoais e da capacidade de articulação em contextos complexos e dinâmicos.

Segundo Richard Daft (2015), o gestor do século XXI precisa desenvolver competências em quatro dimensões fundamentais: técnica, humana, conceitual e política. Além disso, deve incorporar ferramentas de gestão inovadoras, como painéis de indicadores, análise de Big Data, inteligência territorial, governança digital e mecanismos de participação cidadã, aplicando-as com responsabilidade e foco em resultados.

A inovação no setor público vai além da adoção de tecnologias: ela exige novos modos de pensar, planejar e interagir com os cidadãos. Governos que promovem ambientes favoráveis à escuta ativa, à experimentação de soluções locais e ao aprendizado organizacional contínuo tendem a responder com mais eficácia aos desafios contemporâneos.

Como aponta Emerson Leite (2019, p. 133), "a efetividade das políticas públicas depende da capacidade de envolver os cidadãos não apenas como destinatários, mas como coprodutores do bem público".

Outro eixo essencial da gestão pública atual é o compromisso com a sustentabilidade, ambiental, fiscal e institucional, em consonância com os Objetivos de

Desenvolvimento Sustentável da Agenda 2030 da ONU, que exigem ações articuladas entre os entes federativos, com forte protagonismo dos municípios. Peter Drucker (1990, p. 221) já antecipava esse papel ampliado do gestor ao afirmar: "A administração pública deve assumir a responsabilidade de moldar o futuro da sociedade, não como poder, mas como serviço".

Competências e perfil do novo gestor público

O novo gestor público, portanto, é chamado a atuar em um ambiente cada vez mais complexo, dinâmico e interdependente, que exige não apenas domínio técnico, mas também habilidades interpessoais, visão estratégica e compromisso ético. A superação dos desafios contemporâneos da administração pública requer profissionais capazes de liderar equipes, articular políticas intersetoriais, tomar decisões baseadas em evidências e dialogar com diferentes segmentos da sociedade. Nesse sentido, o perfil do administrador público moderno deve combinar competências gerenciais, sensibilidade social e capacidade de inovação.

Entre as competências mais valorizadas estão o planejamento estratégico, a gestão por resultados, a análise de dados, a comunicação institucional e a mediação de conflitos. Além disso, o gestor público precisa estar preparado para lidar com a diversidade, promover a inclusão e atuar com transparência e responsabilidade. A ética, a integridade e o compromisso com o interesse público não são apenas atributos desejáveis, mas fundamentos indispensáveis para a construção de uma administração pública legítima e confiável.

A formação contínua, o aprendizado organizacional e a abertura à inovação são elementos centrais na constituição desse novo perfil. O gestor público do século XXI deve ser um agente de transformação, capaz de mobilizar recursos, construir parcerias e liderar processos de mudança institucional. Mais do que executar rotinas administrativas, espera-se que ele contribua ativamente para a construção de políticas públicas eficazes, sustentáveis e centradas nas necessidades reais da população. Nesse contexto, a valorização da profissão de Administrador no setor público é estratégica para o fortalecimento do Estado e para a promoção do desenvolvimento com justiça social.

Formação, ética e compromisso com o bem comum

A formação do administrador público deve ir além da aquisição de competências técnicas e gerenciais. Ela precisa incorporar uma sólida base ética e humanista, que oriente a atuação profissional para a promoção do bem comum. Em um contexto marcado por desigualdades sociais, escassez de recursos e crescente desconfiança nas instituições, o compromisso ético torna-se um diferencial essencial para a construção de uma gestão pública legítima, transparente e voltada ao interesse coletivo.

A ética na administração pública não se limita ao cumprimento de normas, mas envolve a responsabilidade moral de servir à sociedade com integridade, justiça e empatia. Nesse sentido, os cursos de formação em Administração e áreas afins devem preparar os futuros gestores para lidar com dilemas éticos, conflitos de interesse e pressões políticas, sem abrir mão dos princípios que regem a função pública.

A incorporação de conteúdos relacionados à cidadania, aos direitos humanos, à sustentabilidade e à diversidade contribui para ampliar a visão de mundo dos profissionais e fortalecer sua capacidade de tomar decisões responsáveis e socialmente sensíveis. Além disso, a formação continuada e o aprendizado ao longo da vida são fundamentais para que o administrador público se mantenha atualizado diante das transformações sociais, tecnológicas e institucionais.

O compromisso com o bem comum deve ser o norte da atuação do gestor público. Isso implica reconhecer que a administração pública não é um fim em si mesma, mas um instrumento para garantir direitos, reduzir desigualdades e promover o desenvolvimento humano.

O administrador ético é aquele que compreende a dimensão política e social de sua função, que atua com transparência e que se compromete com resultados que façam diferença na vida das pessoas. Ao cultivar esse compromisso, o profissional contribui para fortalecer a democracia, valorizar o serviço público e consolidar uma cultura de integridade no Estado brasileiro.

Propostas para uma administração pública mais profissional e cidadã

A construção de uma administração pública mais profissional e cidadã exige um conjunto articulado de reformas institucionais, investimentos em capacitação e mudanças culturais no interior do Estado.

Em primeiro lugar, é fundamental fortalecer os processos de recrutamento e seleção com base em critérios técnicos e meritocráticos, garantindo que os cargos de gestão sejam ocupados por profissionais qualificados e comprometidos com o interesse público. A valorização das carreiras públicas, com planos de desenvolvimento e avaliação de desempenho, também é essencial para atrair e reter talentos no setor público.

Além disso, é necessário ampliar os espaços de participação social e institucionalizar mecanismos de escuta ativa da população. A administração cidadã pressupõe o reconhecimento do cidadão como sujeito de direitos e parceiro na formulação, implementação e avaliação das políticas públicas. Ferramentas como conselhos gestores, audiências públicas, ouvidorias e plataformas digitais de participação devem ser fortalecidas e integradas aos processos decisórios, promovendo maior transparência, corresponsabilidade e legitimidade nas ações governamentais.

Ainda, a profissionalização da gestão pública deve estar ancorada em uma cultura organizacional orientada à inovação, ao aprendizado contínuo e à produção de valor público. Isso implica investir em tecnologias da informação, fomentar a cooperação interinstitucional e estimular a adoção de práticas baseadas em evidências.

O administrador público, nesse contexto, deve ser um líder transformador, capaz de articular soluções criativas, mobilizar recursos e promover uma gestão ética, eficiente e centrada nas necessidades reais da sociedade. Essas propostas, quando implementadas de forma integrada, com certeza, contribuirão para o fortalecimento do Estado democrático e para a consolidação de uma administração pública mais justa, inclusiva e eficaz.

Considerações finais

A gestão pública brasileira encontra-se diante de um ponto de inflexão. Os desafios estruturais, como a desigualdade regional, a limitação de recursos e a baixa capacidade institucional, exigem respostas inovadoras, éticas e fundamentadas em evidências. E, neste capítulo, discutimos como a governança e a eficiência são pilares fundamentais para transformar a administração pública em um instrumento efetivo de promoção do bem-estar social e de garantia de direitos. A realidade local, como vimos, reflete com nitidez os entraves e as possibilidades de avanço, especialmente quando há liderança técnica, planejamento e compromisso com o interesse público.

As experiências analisadas demonstram que é possível romper com a lógica da improvisação e da baixa *performance*, construindo uma gestão pública mais estratégica, transparente e centrada no cidadão. O papel do administrador profissional, nesse contexto, é decisivo: ele atua como articulador de políticas, gestor de recursos e agente de transformação institucional. Sua formação, competências e valores éticos são determinantes para a construção de um Estado mais justo, eficiente e democrático.

Para consolidar esse novo paradigma, é necessário investir na profissionalização da administração pública, fortalecendo a formação técnica, a cultura de avaliação e os mecanismos de participação social. A valorização da carreira de administrador, especialmente no setor público, deve ser acompanhada de políticas de capacitação contínua, reconhecimento por desempenho e estímulo à inovação. A construção de uma gestão pública cidadã não depende apenas de reformas legais, mas de uma mudança profunda na forma como o Estado se relaciona com a sociedade.

Por fim, este capítulo se insere em uma obra que celebra os 60 anos da regulamentação da profissão de Administrador no Brasil, reafirmando a relevância desse profissional para o desenvolvimento do País. Em um tempo de transformações aceleradas e demandas sociais crescentes, o administrador público é chamado a exercer sua função com excelência técnica, sensibilidade social e compromisso com o bem comum. É por meio dessa atuação qualificada e ética que a administração pública poderá cumprir seu papel de promotora da cidadania e do desenvolvimento humano sustentável.

Os autores esperam que este capítulo inspire novas gerações de administradores a assumirem o serviço público com paixão, técnica e coragem. Afinal, como disse Peter Drucker, a melhor maneira de prever o futuro é criá-lo, e o administrador público é, por excelência, um criador de futuros possíveis e desejáveis.

Discussão

Diante dos desafios estruturais, das desigualdades regionais e das exigências por maior eficiência e transparência, como o administrador público pode, na prática, transformar a gestão pública em um instrumento efetivo de promoção do bem comum e de fortalecimento da democracia?

Estudo de caso: A Gestão Pública do Município de Praia Grande no Estado de São Paulo: Governança Estratégica e Eficiência Administrativa como Vetores de Transformação Local

O objetivo desta estudo de caso é analisar a experiência de gestão pública do município da Estância Balneária de Praia Grande, popularmente conhecida como Praia Grande, no litoral paulista, como exemplo de aplicação prática dos princípios de governança, eficiência e *accountability* discutidos no capítulo. O estudo busca evidenciar como o planejamento estratégico, a inovação institucional e a valorização do administrador público contribuíram para a melhoria dos serviços, o fortalecimento da capacidade institucional e o desenvolvimento sustentável do território.

O município de Praia Grande, com 149,652 km², localizado na Região Metropolitana da Baixada Santista, no estado de São Paulo, destaca-se como um dos mais dinâmicos polos urbanos do litoral brasileiro. Com uma população estimada em 349.935 habitantes no último censo (2022) e estimada de 365.577 em 2024, segundo o IBGE (2025), a cidade apresenta um perfil demográfico em constante crescimento, impulsionado por sua atratividade turística, qualidade de vida e infraestrutura urbana. A densidade populacional é elevada, refletindo a urbanização intensa e a predominância de domicílios de ocupação permanente. Praia Grande possui um Índice de Desenvolvimento Humano Municipal (IDHM) de 0,754, considerado alto, com taxa de escolarização de 96,9% entre crianças de 6 a 14 anos e expectativa de vida de 76,2 anos. A economia local é diversificada, com destaque para os setores de comércio, serviços, construção civil e turismo, além de um ambiente favorável ao empreendedorismo, com mais de 48 mil empresas ativas, a maioria delas microempreendedores individuais (MEIs)[1].

A trajetória do município da Estância Balneária de Praia Grande, localizado na Região Metropolitana da Baixada Santista, configura-se como um dos mais relevantes exemplos de transformação administrativa e desenvolvimento urbano no contexto brasileiro contemporâneo. Historicamente marcado por desafios estruturais, como precariedade urbana, altos índices de violência e fragilidade institucional, o município passou, nas últimas três décadas, por um processo de reconfiguração profunda, tornando-se referência nacional em qualidade de vida, infraestrutura, saúde pública, segurança urbana e gestão administrativa.

Esse processo teve início em 1992, com a eleição de Alberto Pereira Mourão para seu primeiro mandato como prefeito. Formado em Direito e profissional do ramo da construção civil e gestor público por vocação, Mourão estruturou

[1]PREFEITURA MUNICIPAL DE PRAIA GRANDE. Coordenadoria de Informações e Dados Estratégicos (CIDE). Disponível em: https://www.praiagrande.sp.gov.br/atendimento/Seplan/CIDE/menucide.asp. Acesso em: 31 jul. 2025.

sua administração com base em princípios de planejamento estratégico, definição de metas, monitoramento por indicadores e foco em resultados. Ao longo de seis mandatos, consolidou um modelo de gestão orientado pela eficiência, inovação e profissionalização da máquina pública, posicionando Praia Grande entre os municípios mais bem avaliados do País em diversos indicadores sociais e administrativos.

Mais do que um conjunto de obras e estatísticas, o caso de Praia Grande revela a consolidação de uma cultura organizacional voltada à gestão pública moderna, caracterizada pela continuidade administrativa, valorização de servidores técnicos, compromisso com resultados e institucionalização de práticas gerenciais. Esse modelo, sustentado por um projeto político coerente e por instrumentos de governança eficazes, demonstra a viabilidade de superação dos limites da burocracia tradicional e a capacidade do Estado local de entregar serviços públicos de qualidade à população.

A literatura especializada em administração pública tem evidenciado que municípios que adotam práticas de planejamento estratégico, profissionalização dos quadros técnicos e modernização institucional tendem a apresentar resultados mais consistentes, mesmo em contextos adversos (Bresser-Pereira, 1997; Gaetani, 2008). Praia Grande, até o início dos anos 1990, refletia muitos dos problemas comuns aos municípios brasileiros: crescimento urbano desordenado, baixa capacidade institucional, ausência de políticas públicas estruturadas e serviços públicos de baixa qualidade.

Segundo dados do IBGE (2022), o município contava com mais de 120 mil habitantes na década de 1990, enfrentando altos índices de informalidade urbana, áreas sem pavimentação, alagamentos recorrentes e baixa cobertura de saneamento básico. O Índice de Desenvolvimento Humano Municipal (IDH-M), à época, era de 0,656, considerado médio, evidenciando deficiências nos indicadores de renda, educação e saúde (PNUD, 1996).

Esses elementos ilustram o que autores como Faria (2012) denominam "crise de governabilidade local", caracterizada pela incapacidade de formulação e implementação de políticas públicas eficazes. Nesse sentido, a gestão eficiente não deve ser compreendida como um mero detalhe técnico, mas como uma condição estruturante para a transformação social e o fortalecimento do Estado democrático.

A experiência de Praia Grande é particularmente relevante por demonstrar que, mesmo em cenários de vulnerabilidade urbana e fiscal, é possível construir uma administração pública orientada à entrega de resultados concretos. Por meio de planejamento estratégico, definição de metas, avaliação de desempenho, participação social e inovação institucional, o município conseguiu reorganizar sua estrutura administrativa e reverter indicadores sociais críticos.

Mais do que celebrar conquistas locais, o estudo de caso de Praia Grande permite evidenciar, com base empírica, a aplicabilidade dos fundamentos da gestão pública contemporânea: governança, transparência, *accountability*, controle social, profissionalização e eficiência, conforme estabelecido pelos marcos legais e doutrinários da administração pública brasileira (Brasil, 1988; Bresser-Pereira, 1997).

Nos últimos anos, Praia Grande tem se consolidado como um dos principais polos de atração de investimentos no litoral paulista, impulsionada por sua infraestrutura urbana moderna, localização estratégica e ambiente favorável ao empreendedorismo. A cidade vive um novo ciclo de desenvolvimento econômico, marcado pela chegada de megaempreendimentos privados, expansão do setor imobiliário, fortalecimento do turismo e inserção no mapa da economia digital e logística retroportuária[2].

Um dos projetos mais emblemáticos é o VillaMar Shopping, empreendimento do Grupo Mendes, que está sendo construído na Avenida Presidente Kennedy, no bairro Mirim. Com previsão de entrega para 2027, o shopping terá 42 mil m^2 de área bruta locável, mais de 300 lojas, seis salas de cinema, praça de alimentação com 30 operações e estacionamento para mais de 2 mil veículos. A expectativa é de geração de até 4 mil empregos diretos e indiretos, além de forte impacto na valorização imobiliária e no comércio local[3].

Além do VillaMar, outros projetos de grande porte estão em andamento, como um hotel de luxo com vista para o mar, um centro de treinamento do Santos Futebol Clube e novos empreendimentos residenciais e comerciais. Juntos, esses investimentos somam valores bilionários e prometem transformar o perfil socioeconômico da cidade[4].

---

[2] PREFEITURA MUNICIPAL DE PRAIA GRANDE. Megaempreendimentos prometem impulsionar a economia de Praia Grande. Disponível em: https://www2.praiagrande.sp.gov.br/noticia/megaempreendimentos-prometem-impulsionar-a-economia-de-praia-grande-. Acesso em: 31 jul. 2025.

[3] PREFEITURA MUNICIPAL DE PRAIA GRANDE. Obras de construção do futuro VillaMar Shopping começam em Praia Grande. Disponível em: https://www2.praiagrande.sp.gov.br/noticia/obras-de-construcao-do-futuro-villamar-shopping-comecam-em-praia-grande. Acesso em: 31 jul. 2025.

[4] A TRIBUNA. Novo shopping, hotel de luxo e CT do Santos geram investimento bilionário em Praia Grande; conheça os projetos. Disponível em: https://www.atribuna.com.br/cidades/praia-grande/novo-shopping-hotel-de-luxo-e-ct-do-santos-geram-investimento-bilionario-em-praia-grande-conheca-os-projetos-1.470721. Acesso em: 31 jul. 2025.

A construção civil segue como um dos pilares da economia local. Entre 2021 e 2024, foram construídos 225 novos prédios, especialmente nos bairros Tupi, Caiçara, Canto do Forte e Guilhermina, que concentram os maiores valores por metro quadrado. A cidade lidera o ranking FipeZap como uma das melhores para investir em imóveis para aluguel no litoral paulista, superando inclusive Santos. O perfil dos compradores inclui famílias de classe média, investidores, aposentados e jovens profissionais em busca de qualidade de vida e valorização patrimonial[5].

No campo da tecnologia e inovação, Praia Grande destaca-se pela presença de 14 cabos de fibra óptica internacionais, que passam por seu território, tornando-a um ponto estratégico para a instalação de data centers e empresas de tecnologia da informação. A cidade foi escolhida pela Google para a instalação do maior cabo submarino de internet do mundo, conectando Brasil, Uruguai, Argentina e Estados Unidos. Em resposta a esse potencial, a Prefeitura lançou a iniciativa "Rota da Conexão", um plano estratégico para atrair empresas de TI, telecomunicações, inteligência artificial e *e-commerce*, além de fomentar parcerias com universidades e centros de pesquisa[6].

Esse conjunto de investimentos e projetos estruturantes posiciona Praia Grande como um ecossistema urbano em expansão, com potencial para se tornar um *hub* regional de comércio, serviços, turismo, tecnologia e logística. A combinação entre planejamento urbano, ambiente de negócios favorável e visão estratégica da gestão pública tem sido determinante para esse novo ciclo de crescimento.

Os dados demográficos revelam que Praia Grande passou por um crescimento populacional acelerado nas últimas décadas, com aumento de mais de 87 mil habitantes entre 2010 e 2022. Esse crescimento foi acompanhado por uma transição do perfil urbano: de cidade de veraneio para centro urbano consolidado, com predominância de domicílios de ocupação permanente. A taxa de urbanização e a expansão da infraestrutura básica (pavimentação, saneamento, iluminação) indicam uma resposta eficaz da gestão pública à pressão demográfica.

---

[5] A TRIBUNA. Em quatro anos, 225 novos prédios foram construídos em Praia Grande. Disponível em: https://www.atribuna.com.br/cidades/praia-grande/em-quatro-anos-225-novos-predios-foram-construidos-em-praia-grande-1.448106. Acesso em: 31 jul. 2025.

[6] PREFEITURA MUNICIPAL DE PRAIA GRANDE. PG participa de missão internacional visando fortalecer projetos retroportuários e de datacenters. Disponível em: https://www2.praiagrande.sp.gov.br/noticia/pg-participa-de-missao-internacional-visando-fortalecer-projetos-retroportuarios-e-de-datacenters. Acesso em: 31 jul. 2025.

A transformação administrativa iniciada em 1992, com a gestão de Alberto Mourão, é sustentada por práticas de planejamento estratégico, definição de metas e avaliação por indicadores. A continuidade administrativa e a valorização de quadros técnicos permitiram a institucionalização de uma cultura de gestão orientada por resultados. O município apresenta bons índices de governança, como o IDHM elevado (0,754), alta taxa de escolarização e expectativa de vida superior à média nacional.

Praia Grande vive um ciclo de investimentos privados robusto, a presença de cabos submarinos de fibra óptica e a infraestrutura digital posicionam Praia Grande como polo estratégico para instalação de data centers e empresas de tecnologia. A iniciativa "Rota da Conexão" e a participação em missões internacionais reforçam o compromisso com a economia digital e a inserção na cadeia retroportuária do Porto de Santos, ampliando as possibilidades de desenvolvimento logístico e industrial.

A análise dos dados aponta para um cenário promissor: diversificação econômica, com turismo, comércio, tecnologia e construção civil como pilares; fortalecimento institucional, com capacidade de planejamento e execução; potencial de internacionalização, com projetos conectados à economia global.

Praia Grande demonstra que a combinação entre gestão pública eficiente, planejamento urbano e atração de investimentos pode gerar resultados concretos em desenvolvimento territorial, inclusão social e qualidade de vida.

Gestão pública como motor do desenvolvimento local em Praia Grande

A aplicação dos princípios da gestão pública eficiente no âmbito municipal tem o potencial de transformar significativamente as condições de vida da população. Em municípios de médio porte, como Praia Grande, a integração entre planejamento estratégico, governança, inovação institucional e participação social se mostrou essencial para a superação de problemas históricos.

Ao adotar práticas modernas de gestão, o município estruturou políticas públicas capazes de promover desenvolvimento urbano sustentável, melhoria da infraestrutura, fortalecimento da saúde pública e valorização do servidor. O caso de Praia Grande ilustra como a gestão pública, quando profissionalizada e orientada por resultados, atua como motor de transformação territorial e social.

O avanço da infraestrutura urbana em Praia Grande foi um dos eixos centrais da política de desenvolvimento local. Nos anos 1990, o município elaborou um Plano Diretor estratégico com foco na organização do território, ampliação da malha viária, drenagem urbana e regularização fundiária. Esse instrumento permitiu que os investimentos fossem priorizados com base em diagnósticos técnicos e impacto social.

Além disso, o município estabeleceu uma política de zeladoria pública permanente, com equipes fixas por bairros, uso de indicadores de desempenho e metas de manutenção dos espaços públicos. Essa política ganhou visibilidade nacional como modelo de gestão urbana descentralizada e responsiva.

A saúde foi outro setor prioritário, com foco na reorganização da rede assistencial, descentralização dos serviços e fortalecimento da atenção primária como porta de entrada do sistema. Praia Grande atingiu, de forma inédita, a cobertura de 100% da população pela Estratégia de Saúde da Família (ESF), com Unidades de Saúde da Família (USFs) em todos os bairros.

Durante a pandemia da Covid-19, essa estrutura foi decisiva. Praia Grande adotou uma estratégia de abordagem precoce dos sintomas nas USFs, evitando a sobrecarga dos hospitais. Foram criados leitos exclusivos para Covid-19, definidos fluxos de encaminhamento entre unidades e implantados protocolos clínicos baseados em evidências científicas, o que contribuiu para manter uma das menores taxas de mortalidade da região metropolitana.

Outro destaque foi a implantação dos programas de residência médica e multiprofissional em saúde da família, que contribuíram para a fixação de profissionais no município e o fortalecimento do vínculo com a comunidade. Essa política foi reconhecida como boa prática pela Organização Pan-Americana da Saúde (OPAS).

A gestão pública em Praia Grande também se destacou pela integração entre políticas públicas – especialmente entre saúde, educação, assistência social, meio ambiente e segurança. Foram criadas salas de situação, com reuniões periódicas entre gestores das diversas secretarias, para tomada de decisão baseada em dados.

Esse modelo foi amparado por ferramentas como painéis de *Business Intelligence* (BI), onde indicadores como evasão escolar, violência doméstica, surtos epidemiológicos e vulnerabilidade social eram monitorados em tempo real e direcionavam ações intersetoriais.

A articulação entre setores e a cultura de planejamento permitiram a adoção de metas anuais públicas, com monitoramento e avaliação sistemática. A gestão também implementou auditorias internas com foco em melhoria contínua, seguindo padrões de integridade e controle recomendados pela Controladoria-Geral da União (CGU, 2024).

No caso de Praia Grande, os resultados obtidos ao longo das últimas décadas demonstram que a adoção de princípios modernos de gestão pública - como planejamento, transparência, controle e foco em resultados - produz efeitos estruturais e duradouros.

- **Educação e desenvolvimento humano**: o Índice de Desenvolvimento Humano Municipal (IDH-M) de Praia Grande saltou de 0,656 em 1991 para 0,754 em 2010, segundo o Atlas do Desenvolvimento Humano no Brasil. Esse aumento colocou o município entre os de IDH alto, resultado do avanço conjunto nas áreas de educação, saúde e renda (PNUD, 2013).
- O município também apresentou avanços significativos nas notas do IDEB - Índice de Desenvolvimento da Educação Básica, superando a média nacional em diversas edições, especialmente nos anos iniciais do ensino fundamental.
- **Saúde pública e qualidade de vida**: com a cobertura de 100% da população pela Estratégia de Saúde da Família, Praia Grande garantiu o acesso universal à atenção primária. Essa política resultou em queda significativa das internações evitáveis, redução da mortalidade infantil e melhoria dos indicadores de controle de doenças crônicas.
- **Segurança urbana e gestão integrada**: o município criou um modelo de segurança urbana integrada, com monitoramento por câmeras, guardas municipais capacitados, parcerias com as polícias estaduais e ações preventivas com foco na juventude e no espaço urbano.
- **Sustentabilidade fiscal e responsabilidade administrativa**: além dos avanços sociais, Praia Grande apresenta resultados sólidos em termos de gestão fiscal. O município vem obtendo notas altas no Índice Firjan de Gestão Fiscal (IFGF). Como afirma Bresser-Pereira (1997), "a responsabilidade fiscal é condição fundamental para a reconstrução da confiança da sociedade no Estado. Sem ela, não há política pública sustentável, nem legitimidade democrática duradoura".

O estudo do município de Praia Grande evidencia, de forma clara e fundamentada, que a transformação urbana e institucional de um território é possível mesmo em contextos historicamente marcados por vulnerabilidades sociais, econômicas e administrativas. A trajetória da cidade, especialmente a partir da década de 1990, demonstra que a adoção de práticas de gestão pública moderna, aliada a um projeto político coerente e de longo prazo, pode gerar impactos significativos na qualidade de vida da população e na atratividade econômica do território.

A análise dos dados revela que Praia Grande não apenas superou os desafios típicos de municípios em crescimento acelerado, como também se posicionou como referência em áreas estratégicas como infraestrutura urbana, mobilidade, segurança, educação, saúde e inovação tecnológica. A consolidação de uma cultura de planejamento, a valorização de quadros técnicos e a institucionalização de mecanismos de avaliação e controle foram determinantes para esse processo.

Além disso, os investimentos recentes em megaempreendimentos, turismo, construção civil, tecnologia e logística retroportuária apontam para um novo ciclo de desenvolvimento, mais complexo e diversificado, que amplia as possibilidades de geração de emprego, renda e inclusão social. A capacidade do município de articular o setor público e a iniciativa privada, com foco em resultados e sustentabilidade, reforça sua posição como um dos principais polos de desenvolvimento do litoral paulista.

Por fim, o caso de Praia Grande oferece lições valiosas para a administração pública brasileira: a importância da continuidade administrativa, da governança baseada em evidências, da inovação institucional e da articulação entre planejamento urbano e desenvolvimento econômico. Trata-se, portanto, de um exemplo concreto de que a boa gestão pública não é apenas desejável, é possível, replicável e essencial para a construção de cidades mais justas, resilientes e sustentáveis.

Para reflexão: Como a continuidade administrativa e a valorização dos quadros técnicos contribuíram para a consolidação de uma cultura de gestão orientada por resultados em Praia Grande? Quais lições o caso de Praia Grande oferece para outros municípios brasileiros que enfrentam desafios estruturais semelhantes, especialmente em relação a governança, planejamento estratégico e inovação institucional? Em que medida os investimentos privados e a articulação com o setor produtivo podem ser considerados parte integrante de uma estratégia pública de desenvolvimento territorial sustentável?

Referências

Almeida BC, Paula SL de. O papel da avaliação de políticas públicas no contexto dos governos locais. Planejamento e Políticas Públicas, n. 42, p. 39-59, jan./jun. 2014.

Altounian CS, Souza DL de, LAPA LRG. Gestão e governança pública para resultados: uma visão prática. São Paulo: Fórum; 2020.

Alves EB. Accountability e transparência pública: uma proposta para a gestão pública de excelência. Curitiba: InterSaberes; 2021.

Barros Neto JP de. Administração pública no Brasil: uma breve história dos correios. São Paulo: Annablume; 2004.

Barros Neto JP de, Silva JC da. Gestão pública orientada a resultados: central funcional e centro de serviços compartilhados. Lisboa: Chiado; 2014.

Brasil. Constituição da República Federativa do Brasil de 1988. Disponível em: https://www.planalto.gov.br. Acesso em: 10 maio 2025.

Bresser-Pereira LC. A reforma do Estado dos anos 90: lógica e mecanismos de controle. Brasília: ENAP; 1997.

CGU, Controladoria-Geral da União. Guia de integridade e auditoria interna. Brasília: CGU, 2024.

Coelho, F. Administração pública municipal: desafios e perspectivas. São Paulo: Atlas; 2020.

Daft RL. Administração. São Paulo: Cengage Learning; 2015.

Drucker P. Desafios da gestão no século XXI. São Paulo: Pioneira; 1990.

Faria CAP de. Políticas públicas: conceitos, esquemas de análise, casos práticos. Rio de Janeiro: Fiocruz; 2012.

Gaetani F. Reforma do Estado: burocracia e administração pública no Brasil. Rio de Janeiro: FGV; 2008.

IBGE, Instituto Brasileiro de Geografia e Estatística. Censo Demográfico 2022. Disponível em: https://www.ibge.gov.br. Acesso em: 10 maio 2025.

IBGE, Instituto Brasileiro de Geografia e Estatística. Cidades e Estados: Praia Grande, 2025. (Online) Disponível em https://www.ibge.gov.br/cidades-e-estados/sp/praia-grande.html. Acesso em: 31 jul. 2025.

Isidro A. Gestão pública inovadora: um guia para a inovação no setor público. Curitiba: Editora CRV; 2020.

Keynes JM. The end of Laissez-Faire. Londres: L & V Woolf; 1926.

Leite E. Cidadania e inovação democrática: perspectivas para a administração pública. Belo Horizonte: Fórum; 2019.

Matias-Pereira J. Governança no setor público. São Paulo: Atlas; 2010.

Mazzucato M. O Estado empreendedor: desmascarando o mito do setor público vs. setor privado. São Paulo: Portfólio-Penguin; 2014.

Mintzberg H, Ahlstrand B, Lampel J. Safari de estratégia. Porto Alegre: Bookman; 2000.

Paludo A. Administração Pública. São Paulo: Método; 2017.

PNUD. Atlas do desenvolvimento humano no Brasil. Brasília: PNUD/IPEA/FJP; 2013.

PNUD. Relatório de desenvolvimento humano municipal – Praia Grande. Brasília: PNUD; 1996.

Resende GM (ed.). Avaliação de políticas públicas no Brasil: uma aná- lise de seus impactos regionais. Rio de Janeiro: Ipea; 2014.

Silva CE. Governança organizacional pública e planejamento estratégico: para gestores públicos. São Paulo: Independente; 2021.

Silva R. Governo digital e a busca por inovação na administração pública: a Lei nº 14.129/2021. São Paulo: Fórum; 2022.

Weber M. A ética protestante e o espírito do capitalismo. São Paulo: Edipro, 2020. WEBER, Max. Economia e sociedade. São Paulo: Edições 70; 2022.